Lutz Müller

Mit Pfiffigkeit durchs Leben

Mit Märchen leben

Lutz Müller

Mit Pfiffigkeit durchs Leben

Das tapfere Schneiderlein

Kreuz

Inhalt

Mein Lieblingsmärchen

Von Angela Seifert

Es war einmal … ein kleines Mädchen, ein kleiner Junge, etwa vier, fünf Jahre alt. In dieser Zeit gab es Ereignisse, die das weitere Leben der/des Kleinen bestimmten …«

So könnte Ihr eigenes Märchen beginnen. Natürlich kann ich es nicht weiterschreiben, weil ich Sie und Ihre Geschichte nicht kenne, doch ich kann aus meinen Erfahrungen als Psychotherapeutin einiges erzählen, was Ihnen hilfreich sein könnte, selbst ein wenig Klarheit in Ihre Lebensgeschichte zu bringen – wenn das Ihr Anliegen ist.

In der Transaktionsanalyse, die der amerikanische Psychiater und Psychotherapeut Eric Berne begründet hat, arbeiten wir auch mit den Lieblingsmärchen aus der Kindheit und den Geschichten, die später im Leben bedeutungsvoll für die/den Betreffende/n geworden sind.

Wenn Sie wollen, können Sie einmal schauen, ob Sie Ihr persönliches Skriptmuster, Ihr Lebensdrehbuch im Märchen *Das tapfere Schneiderlein* entdecken.

An welche Ereignisse erinnern Sie sich, als Sie vier oder fünf Jahre alt waren? Wie haben Sie sich damals in der Familie, in der Sie aufgewachsen sind, erlebt? Am Besten, Sie schreiben erst einmal alles auf, was Ihnen einfällt.

Und wenn Sie noch ein Übriges tun wollen, um Ihrer Skriptgeschichte auf den Grund zu gehen, empfiehlt es sich, bevor Sie weiter lesen und vor allem, bevor Sie das Märchen noch einmal lesen, eine kurze Inhaltsangabe des Märchens aus dem Gedächtnis aufzuschreiben, nach dem, was Sie davon noch erinnern. Sie soll wirklich nur kurz sein, fassen Sie das für Sie Wesentliche in wenigen Sätzen zusammen.

Falls Sie sich darüber hinaus noch an ein Buch, Theaterstück, Kinofilm erinnern, das/der Sie in der Zeit der Pubertät, also zwischen 12 und 18 Jahren, sehr beeindruckt hat, schreiben Sie auch eine kurze Zusammenfassung davon. Und wenn Sie dann noch Lust zu weiteren Recherchen über Ihren unbewussten Lebensplan haben, überlegen Sie, welche Geschichte Ihnen in den vergangenen zwei bis drei Jahren wichtig war, und verfahren mit ihr wie mit der Zusammenfassung des Märchens und der Pubertätsgeschichte.

Anschließend können Sie schauen, ob Sie ein gemeinsames Thema zwischen dem Märchen und der Geschichte aus den vergangenen zwei bis drei Jahren entdecken. Das Thema der Pubertätsgeschichte wird auch entweder ähnlich sein, oder es zeigt eine Gegenposition auf. Denn die Adoleszenz ist oft eine Zeit der Rebellion und da konstelliert sich im Heranwachsenden eine Tendenz, das Alte, Vertraute aufzubrechen, die bis dahin abgelehnte Seite – oft ist es die ureigene, die den Eltern zuliebe unterdrückt wird – in das Verhaltensrepertoire mit aufzunehmen. Die Lieblingsgeschichte aus der Pubertät kann also, falls das Lieblingsmärchen aus der Kindheit und die bevorzugte Lektüre aus jüngster Zeit eine Einseitigkeit, und damit eine Einschränkung des Lebendigseins, aufweisen, die Lösung beinhalten.

Zu einem richtigen Drehbuch für das Theater oder für einen Film gehören ganz bestimmte Rollen:

- die Hauptperson, um die sich das Ganze dreht – in den Märchen Held oder Heldin genannt – diese Rolle teilt das Kind natürlich sich selbst zu;
- der Widersacher/die Widersacherin, der/die das Leben erschwert – im Märchen tritt diese Person meist als böser Zauberer, Riese oder als Hexe auf –, die das Kind in der Person erlebt, die hauptsächlich seine Spontaneität einschränkt;
- der Retter/die Retterin – z. B. eine gute Fee, ein alter Weiser, oft übernehmen auch hilfreiche Tiere diesen Part –,

diese Rolle überträgt das Kind manchmal einer lieben Oma oder einem verständnisvollen Opa und anderen Menschen, denen es vertraut.

- Dann gibt es auch noch weitere Personen, die unverzichtbar sind, sowie einige Randfiguren, die dazu beitragen, dass die Geschichte unerwartete Verwicklungen erhält, also spannend ist und nicht allzu rasch zu Ende geht.
- Und natürlich, das Wichtigste bei jedem spannenden Drehbuch: Es gibt am Schluss etwas zu gewinnen, eine Prinzessin oder einen Königssohn, einen Schatz, und manchmal sogar das eigene Leben.

Aber die Spannung der Geschichte besteht darin, dass es mittendrin oft so aussieht, als sei dieser Gewinn nicht zu erzielen, als sei er für immer verspielt, als müsste am Ende der Held/die Heldin als Verlierer/Verliererin dastehen.

Es ist eben wie im richtigen Leben, denn Drehbücher jedweder Art werden nach den Erfahrungen geschrieben, die das Leben liefert.

Gerade in den Geschichten der frühen Kindheit, also im Vorschulalter, wird das Thema des weiteren Lebens besonders eindrucksvoll deutlich. In diesem Alter sind Kinder sehr aufnahmebereit für alles, was um sie herum geschieht, sie beobachten genau die Menschen, mit denen sie zu tun haben, vor allem natürlich Mutter, Vater und Geschwister, und sie treffen eine, später meist nicht mehr bewusste, Entscheidung. Zum Beispiel kann ein Kind sich sagen: »Ich werde nie mehr meine Gefühle zeigen«, wenn es erlebt, dass seine Gefühle nicht ernst genommen werden. Und als Erwachsene/r wird dieser Mensch dann als überwiegend rational denkend oder gar als gefühlskalt von anderen wahrgenommen. Oder ein Kind sieht, dass jemand in der Familie oft krank ist und deswegen besonders viel Aufmerksamkeit erhält. Es kann sich vornehmen: »Ich werde auch oft krank sein, dann kümmern sich die anderen um mich.« Oder – das ist manchmal bei einem Kind der Fall, das als jüngstes in einer Familie aufwächst – es spürt, dass Mama es am liebsten immer bei sich haben, es nicht eines Tages hergeben möchte, dann kann es sich vornehmen: »Ich verlasse Mama nie. Am Besten, ich werde gar nicht wirklich erwachsen.« Daraus wird möglicherweise ein Mensch, der auch im Alter noch kindlich wirkt und von anderen Menschen, z. B. in seinen Partnerschaften, auf ungesunde Weise abhängig bleibt.

Wir nennen diese Schlussfolgerung, die das Kind aus dem zieht, was es in der Familie erlebt – es gibt natürlich noch viel mehr, als die hier kurz geschilderten – seine »Skriptentscheidung«. Sie ist maßgebend für den, zunächst einmal unbewussten, persönlichen Lebensplan, denn die Gefühlsreaktionen und Verhaltensweisen werden um die entsprechende Entscheidung herum aufgebaut.

Als Vor-Bilder, um so ein »Lebensdrehbuch« innerlich »schreiben« zu können, sucht sich das Kind aus den Geschichten, die es hört, diejenigen aus, die am Besten zu seiner jeweiligen Entscheidung passen. Zum Beispiel kann es sich mit dem *tapferen Schneiderlein* identifizieren, wenn es beispielsweise erlebt, dass es von den Erwachsenen nicht so recht ernst genommen wird, und dieses Märchen zu seinem Lieblingsmärchen erklären, weil es darin beschrieben findet, dass auch ein kleiner, scheinbar schwacher Mensch sich den Respekt der großen, starken Leute verschaffen kann.

So werden die Märchen und Geschichten, die das Kind in der frühen Kindheit hört, zu Leitbildern für ein bestimmtes Muster, für sein Lebensskript. Es projiziert sowohl seine innere Not, seinen Tatendrang und Veränderungswunsch als auch seine Hoffnung, die Möglichkeit der Erlösung und geistigen Bereicherung auf die Gestalten, die ihm das Märchen vorstellt.

Wenn nun jemand sein Lebensskript kennen lernen will, sind dazu die Märchen aus der Kindheit besonders geeignet, weil in ihnen immer – im Gegensatz zu den längeren Geschichten eines Buches – nur ein Thema behandelt wird.

Wenn man viele Lebensgeschichten kennen lernt, fällt auf, dass es für ein Kind zunächst fast immer das Wichtigste ist, seine Eltern glücklich zu machen. Die meisten Kinder tun unheimlich viel für Mama und Papa, wobei dann die Tragik des weiteren Lebens darin besteht, dass sie an dieser »Aufgabe« scheitern. Einem Kind kann es nicht gelingen, dass Mutter und Vater glücklich und gesund sind, dafür können die beiden nur selber sorgen. Zu diesem Zweck kommt das Kind auch nicht auf die Welt. Es wird geboren, um selbst sein Leben zu leben, seinen eigenen Weg zu gehen und sein Glück zu finden. So wie der Held/die Heldin im Märchen. In diesem Märchen lebt das *Schneiderlein* alleine. Das kann ein Kind, dem das Wohl der Eltern sehr am Herzen liegt, entlasten, weil es sieht, dass sich der Held nur um sich selbst zu kümmern braucht, es kann ihm also als Erlaubnis dienen, in erster Linie für sein eigenes Glück zu sorgen.

Hätten Sie das möglicherweise auch gerne getan, sich aber nicht getraut, weil Mama und Papa dann traurig gewesen wären oder gesagt hätten: »Sei nicht so egoistisch! Man denkt nicht an sich selbst zuerst!« Wollten Sie lieber, dass Mama zufrieden mit ihrem/ihrer Kleinen, Papa stolz auf seinen Sohn/seine Tochter ist? Haben Sie vielleicht besonders viel Rücksicht genommen und sich ruhiger verhalten, als es Ihrem Temperament entsprochen hat, wenn Mama wieder einmal Kopfweh hatte oder sehr angestrengt war, weil sie noch weitere Geschwister versorgen oder Geld verdienen musste? Möglicherweise nahmen Sie sich damals vor, schnell selbstständig zu werden, um Mama zu entlasten und ihr keine Sorgen zu machen. Vielleicht war Ihr Vater recht stolz auf seine gehorsame Tochter oder auf seinen pfiffigen Sohn und Sie wollten ihn nicht enttäuschen und haben stets nach einer besonderen Lösung für eine schwierige Aufgabe gesucht.

Da kann es natürlich schon zu Überforderungen im zarten Kindesalter kommen und die Folge davon könnte sein, dass Sie später im Leben die an Sie gestellten Aufgaben zu spät richtig einschätzen können und sich aus Angst, etwas zu verpassen, mehr aufladen, als Sie realistischerweise schaffen können. Oder Sie sind als Erwachsene/r froh, endlich der Enge der überfürsorglichen Eltern entronnen zu sein, und gehen jetzt Ihr Tagewerk eher locker an, so nach der Devise »don't worry – be happy«.

Wie auch immer – eine Zeitlang macht es im Leben wenig aus, wenn man sich unter- oder überfordert, doch auf Dauer kann beides zu unangenehmen Folgen führen. Zumindest wird der schließliche Lebensgewinn dadurch in Frage gestellt.

Hier wäre also für Sie die Frage nach Ihren Veranlagungen und Fähigkeiten wichtig. Wissen Sie um alle Begabungen, die in Ihnen schlummern, also könnten Sie – im übertragenen Sinne – Riesen und wilde Tiere überlisten? Oder meinen Sie, dass Sie sich keine Sorgen um Ihre Zukunft machen müssen, weil Ihnen immer wieder etwas einfallen wird, wie Sie Ihr Schicksal meistern können? Das Selbstvertrauen und die Fröhlichkeit, die das *tapfere Schneiderlein* vermittelt, scheinen ja wirklich beneidenswert zu sein. Aber schwingt da nicht so etwas wie Überschätzung seiner selbst mit? In der Tat begegnen uns ja immer wieder Menschen, die unerschrocken und mit ausgefallenen Ideen scheinbar unlösbare Aufgaben oder riesenhafte Unternehmungen bewältigen. Es ist manchmal fast unglaublich, welche Werke ein Mensch in seinem Leben vollbringen, was er oder sie scheinbar aus dem Nichts erstellen kann. Die jungen Menschen heute, welche mit kreativen Einfällen und einer ausgesprochenen Intuition für alles, was in Zukunft die Märkte der Welt beherrschen wird, die New Economy geschaffen haben, sind gleichsam die Nachfolger des *tapferen Schneiderleins*, dem kein anderes »Anfangskapital« zur Verfügung steht als seine ungewöhnlichen Einfälle. Gerade darauf kommt es in Umbruchzeiten wie der unseren in höchstem Maße an.

Von daher kann dieses Märchen für alle Menschen wichtig sein, die spüren, dass es in ihrem Leben in erster Linie auf Kreativität und eine in gewisser Weise naive und unkonventionelle Lebenseinstellung ankommt. Denn *Das tapfere Schneiderlein* ist nicht nur pfiffig und witzig, es ist auch klug, es legt sich nicht so ohne weiteres in das Bett, das der Riese ihm anweist, und es scheint auch guten Kontakt zur Dienerschaft zu haben, denn es wird vor dem Anschlag seiner unzufriedenen Gemahlin vom Waffenträger, der ihm gewogen ist, gewarnt.

Wenn *Das tapfere Schneiderlein* Ihr Lieblingsmärchen ist, verfügen Sie möglicherweise über das Ur- und Selbstvertrauen, das dem Schneiderlein eigen ist, oder, im Gegenteil, Sie erleben sich oft als ängstlich und einfallslos, so dass Sie sich das *Schneiderlein* als Vor- und Leitbild gesucht haben.

Denn das Thema dieses Märchens heißt »Tapferkeit und Einfallsreichtum«. In Unerschrockenheit, Neugierde, Witz und Heiterkeit des *Schneiderleins* sind auch Eigenschaften angesprochen, die man braucht, um ein Lebenskünstler zu sein.

Wie passt das zu Ihrem persönlichen Lebensthema?

Kann es sein, dass Sie sich als Kind auf Grund eines lebhaften Temperaments, einer schnellen Auffassungsgabe, aber einer eher einengenden Familiensituation schnell langweilten und in die weite Welt hinaus träumten? Vielleicht haben Ihre Eltern dem kleinen Jungen/dem kleinen Mädchen nicht viel zugetraut, waren ängstlich und überbehütend, so dass die Begabungen und Fähigkeiten des/der Kleinen nicht beachtet wurden? Oder, im Gegenteil, hatten Vater und Mutter Riesenansprüche an den Sohn/die Tochter und haben ihn/sie dadurch veranlasst, auf Überlegenheit zu sinnen?

Welche Konsequenz hat der kleine Junge/das kleine Mädchen, der/das Sie damals gewesen sind, daraus gezogen, bzw. welche Entscheidung hat er/es getroffen? »Ich werde einmal ...« – wie geht der Satz für Sie weiter?

Wenn Sie diesen zentralen Satz Ihres Lebensdrehbuchs gefunden haben, auch auf Grund der drei Geschichten, die Sie als Zusammenfassungen schrieben, dann schauen Sie jetzt einmal, ob Sie ihm bisher gefolgt sind und ob Sie ihm weiterhin folgen wollen.

Die so genannte Skriptentscheidung ist für das Kind eine optimale Möglichkeit zur notwendigen Lebensbewältigung. Es fasst den Entschluss ja aus den Gegebenheiten, die es in der Familie vorfindet, in die es hineingeboren wurde. Es hat die Menschen seiner Umgebung bis zu diesem Zeitpunkt gut genug kennen gelernt, um abschätzen zu können, auf welche Art und Weise es größtmögliche Bestätigung und Zuwendung erhält. Denn darauf ist jedes Kind in höchstem Maße angewiesen. Erwachsene brauchen sie natürlich auch, doch in der Kindheit sind Bestätigung und Zuwendung lebensnotwendig.

Insofern ist jede Skriptentscheidung eine kreative, bestmögliche Lösung für das Kind in dem Leben, wie es sich ihm stellt. Erst später merken die Erwachsenen dann oft, dass diese Grundsätze, die das Kind sich damals gegeben hat, heute nicht mehr so recht passen, dass sie das Leben einengen, dass sie eher ein Gefängnis sind als ihnen einen weiten Spielraum für die vielfältigen Lebensmöglichkeiten zu lassen.

Das Bekannte bietet ja Sicherheit, während das Unbekannte erst einmal Angst machen kann. Aus diesem Grund halten dann Menschen manchmal lieber an alten Mustern fest, als sich neuen Erfahrungen zu öffnen.

Im Märchen *Das tapfere Schneiderlein* ist die Notwendigkeit der Entwicklung zum unerschrockenen Handeln, zur Intuition – das Schneiderlein zog immer seiner spitzen

Nase nach weiter – und zu Einfallsreichtum sehr anschaulich beschrieben. Das *Schneiderlein* hatte nichts als einen alten Käse, den es noch in seiner Werkstatt fand, und ein Vögelein, das es unterwegs einfing, als es in die Welt zog, um sein Glück zu machen. Weniger kann man als Anfangskapital gar nicht haben. Dennoch brachte er es, allein mit seinem frischen Verstand und seinem schöpferischen Geist, zum König.

Vielleicht ist Ihnen das ja auch ein Anliegen: Ihre kreativen Potenziale auszuloten und anzuwenden, sich immer wieder neue Aufgaben zu suchen und Spaß daran zu haben, ungewöhnliche Lösungen zu finden. Sind Ihnen die Abenteuer des Lebens lieber, als unbeweglich auf Ihren Besitzstandsgütern sitzen zu bleiben? Dann ist das *tapfere Schneiderlein* das richtige Märchen für Sie.

Und es gibt noch einen ganz wichtigen Punkt anzusprechen: Eric Berne warnte immer wieder davor, einem inneren, unbewussten »Dämon« anheim zu fallen, der alles, was man sich so schön aufgebaut hat, zunichte machen könnte. Hier beim Schneiderlein liegt die Gefahr darin, sich allzu sorglos, naiv und auf seine Einfälle vertrauend in das Abenteuer Leben hineinzugeben.

Es ist sehr wichtig, immer wieder zu bedenken, dass zwei starke Kräfte den Menschen bestimmen: die in das Leben hineindrängenden und die das Leben wieder verlassen wollenden. Sigmund Freud nannte sie »Lebenstrieb«, »Libido« und »Todestrieb«, »Destrudo«. Mit beiden Kräften sollten wir bewusst umgehen, denn alles, was unbewusst verläuft, entzieht sich unserer Kontrolle und Steuerung. Leider handeln viele Menschen selbst-destruktiv, weil sie sich nicht wirklich mögen. Gerade für sie könnte dieses Märchen eine große Hilfe sein, weil es schildert, wie jemand auf sich selbst bezogen, sich selbst vertrauend das Leben meistert. In unserer Gesellschaft wird so eine Lebenseinstellung oft als

»egoistisch« abgelehnt, ja, regelrecht verurteilt. Aber ist es nicht viel egoistischer, mit verdeckten Mechanismen die anderen dazu zu bringen, für einen zu sorgen? Manche Menschen spielen »hilflos«, damit die anderen sich um sie kümmern. Das tut *das tapfere Schneiderlein* nicht. Es macht sich mutig auf seinen Weg und findet in sich selbst die Lösungen für schwierige Aufgaben. Damit weist es die selbstüberheblichen, sich großspurig aufführenden Leute – die Riesen und die Königstochter mit ihrem Standesdünkel – in die Schranken.

Im alten Griechenland jedoch verstand man unter dem »Daimon« eine inspirierende Kraft. Hier ist sie symbolisiert in dem Einfall *»Sieben auf einen Streich«*. Dieser Satz, der aus dem Unbewussten des *Schneiderleins* spontan aufsteigt, nachdem es sieben Fliegen auf seinem Musbrot mit einem Streich auf einmal getötet hat, ist einfach und genial zugleich. Denn aus ihm fließt dem harmlosen Schneider Mut und Selbstvertrauen zu, so dass er sich selbst annehmen und damit das Glück in seinem Leben finden kann. Hier ist also die Kraft beschrieben, die aus der Quelle des Selbst – wie es in der Psychologie C.G. Jungs heißt – ins Bewusstsein treten kann, wenn der entsprechende Mensch dafür offen und in seinem Denken einfach genug ist.

Wenn wir in dem Wort »Daimon« aber den »Dämon« sehen, dann bedeutet es zwar die gleiche Kraft, doch eine, die zerstörerisch wirkt. Wenn das Schneiderlein das Erlebnis des *»Sieben auf einen Streich«* nehmen würde, um damit anzugeben, jedoch, wenn es darauf ankommt, nichts zustande bringen würde, wäre der Spruch nicht genial, sondern dumm. Anders gesagt: Die größte Stärke, die wir haben, kann zur größten Schwäche werden, und wenn wir meinen, irgendwo eine Schwäche zu spüren, kann insgeheim gerade in ihr eine große Kraft liegen. Das heißt: Uns allen steht ein starker seelischer Energiestrom zur Verfügung, doch müssen wir darauf achten, wie und in welcher Art und Weise wir ihn für uns in Anspruch nehmen, damit er uns dient. *Das tapfere Schneiderlein* nimmt den Einfall aus dem Unbewussten schlicht und einfach an. So findet es zur Kraft der Tapferkeit und des Einfallsreichtums. Wir können mit dieser Energie, der Libido, viel Gutes für uns und andere tun, wir können darauf achten, dass sie unser Leben bereichert und nicht schmälert. So werden wir mit ihrer Hilfe letztendlich zum »Gewinner«. Für das eigene Leben heißt gewinnen: sich ganz individuell, ganz einzigartig, als die und der sie und er gemeint ist, zu entwickeln, alles, was an Begabungen angelegt ist, herauszuholen, zu fördern und schließlich mit sich selbst und der Welt in Einklang und Frieden zu sein.

Um dies zu erreichen, lohnt es sich bestimmt, das Thema und das »Drehbuch« des eigenen Lebens kennen zu lernen, sich also dazu die Geschichten anzuschauen, die uns auf unserem bisherigen Lebensweg begleitet haben.

Ich wünsche Ihnen für diese spannende Suche viel Neugierde und viel Freude.

Lutz Müller

Mit Pfiffigkeit durchs Leben

Das tapfere Schneiderlein

An einem Sommermorgen saß ein Schneiderlein auf seinem Tisch am Fenster, war guter Dinge und nähte aus Leibeskräften. Da kam eine Bauersfrau die Straße herab und rief: »Gut Mus feil! Gut Mus feil!« Das klang dem Schneiderlein lieblich in die Ohren, er steckte sein zartes Haupt zum Fenster hinaus und rief: »Hier herauf, liebe Frau, hier wird sie ihre Ware los.« Die Frau stieg die drei Treppen mit ihrem schweren Korbe zu dem Schneider herauf und musste die Töpfe sämtlich vor ihm auspacken. Er besah sie alle, hob sie in die Höhe, hielt die Nase dran und sagte endlich: »Das Mus scheint mir gut, wieg sie mir doch vier Lot ab, liebe Frau; wenn's auch ein Viertelpfund ist, kommt es mir nicht drauf an.« Die Frau, welche gehofft hatte, einen guten Absatz zu finden, gab ihm, was er verlangte, ging aber ganz ärgerlich und brummig fort. »Nun, das Mus soll mir Gott gesegnen«, rief das Schneiderlein, »und soll mir Kraft und Stärke geben«, holte das Brot aus dem Schrank, schnitt sich ein Stück über den ganzen Laib und strich das Mus darüber. »Das wird nicht bitter schmecken«, sprach er, »aber erst will ich den Wams fertigmachen, eh ich anbeiße.« Er legte das Brot neben sich, nähte weiter und machte vor Freude immer größere Stiche. Indes stieg der Geruch von dem süßen Mus hinauf an die Wand, wo die Fliegen in großer Menge saßen, so dass sie herangelockt wurden und sich scharenweis darauf niederließen. »Ei, wer hat euch eingeladen?« sprach das Schneiderlein und jagte die ungebetenen Gäste fort. Die Fliegen aber, die kein Deutsch verstan-

den, ließen sich nicht abweisen, sondern kamen in immer größerer Gesellschaft wieder. Da lief dem Schneiderlein endlich, wie man sagt, die Laus über die Leber, es langte aus seiner Hölle nach einem Tuchlappen, und »wart, ich will es euch geben!« schlug es unbarmherzig drauf. Als es abzog und zählte, so lagen nicht weniger als sieben vor ihm tot und streckten die Beine. »Bist du so ein Kerl!« sprach es und musste selbst seine Tapferkeit bewundern, »das soll die ganze Stadt erfahren.« Und in der Hast schnitt sich das Schneiderlein einen Gürtel, nähte ihn und stickte mit großen Buchstaben darauf: Siebene auf einen Streich! – »Ei was, Stadt!« sprach er weiter, »die ganze Welt soll's erfahren!« und sein Herz wackelte ihm vor Freude wie ein Lämmerschwänzchen.

Der Schneider band sich den Gürtel um den Leib und wollte in die Welt hinaus, weil er meinte, die Werkstätte sei zu klein für seine Tapferkeit. Eh er abzog, suchte er im Haus herum, ob nichts da wäre, was er mitnehmen konnte; er fand aber nichts als einen alten Käs, den steckte er ein. Vor dem Tore bemerkte er einen Vogel, der sich im Gesträuch gefangen hatte; der musste zu dem Käse in die Tasche. Nun nahm er den Weg tapfer zwischen die Beine, und weil er leicht und behend war, fühlte er keine Müdigkeit. Der Weg führte ihn auf einen Berg, und als er den höchsten Gipfel erreicht hatte, so saß da ein gewaltiger Riese und schaute sich ganz gemächlich um. Das Schneiderlein ging beherzt auf ihn zu, redete ihn an und sprach: »Guten Tag, Kamerad, gelt, du sitzest da und besiehst dir die weitläufige Welt? Ich bin eben auf dem Wege dahin und will mich versuchen. Hast du Lust mitzugehen?« Der Riese sah den Schneider verächtlich an und sprach: »Du Lump! Du miserabler Kerl!« – »Das wäre!« antwortete das Schneiderlein, knöpfte den Rock auf und zeigte dem Riesen den Gürtel, »da kannst du lesen, was ich für ein Mann bin.« Der Riese las: »Siebene auf einen Streich«, *meinte, das wären Menschen gewesen, die der Schneider erschlagen hatte, und kriegte ein wenig Respekt vor dem kleinen Kerl. Doch wollte er ihn erst prüfen, nahm einen Stein in die Hand und drückte ihn zusammen, dass das Wasser heraustropfte. »Das mach mir nach«, sprach der Riese, »wenn du Stärke hast.« – »Ist's weiter nichts?« sagte das Schneiderlein, »das ist bei unsereinem Spielwerk«, griff in die Tasche, holte den weichen Käs und drückte ihn, dass der Saft herauslief. »Gelt«, sprach er, »das war ein wenig besser?« Der Riese wusste nicht, was er sagen sollte, und konnte es von dem Männlein nicht glauben. Da hob der Riese einen Stein auf und warf ihn so hoch, dass man ihn mit Augen kaum noch sehen konnte: »Nun, du Erpelmännchen, das tu mir nach.« – »Gut geworfen«, sagte der Schneider, »aber der Stein hat doch wieder zur Erde herabfallen müssen; ich will dir einen werfen, der soll gar nicht wiederkommen«, griff in die Tasche, nahm den Vogel und warf ihn in die Luft. Der Vogel, froh über seine Freiheit, stieg auf, flog fort und kam nicht wieder. »Wie gefällt dir das Stückchen, Kamerad?«, fragte der Schneider. »Werfen kannst du wohl«, sagte der Riese, »aber nun wollen wir sehen, ob du imstande bist, etwas Ordentliches zu tragen.« Er führte das Schneiderlein zu einem mächtigen Eichbaum, der da gefällt auf dem Boden lag, und sagte: »Wenn du stark genug bist, so hilf mir den Baum aus dem Walde heraustragen.« »Gerne«, antwortete der kleine Mann, »nimm du nur den Stamm auf deine Schulter, ich will die Äste mit dem Gezweig aufheben und tragen, das ist doch das Schwerste.« Der Riese nahm den Stamm auf die Schulter, der Schneider aber setzte sich auf einen Ast, und der Riese, der sich nicht umsehen konnte, musste den ganzen Baum und das Schneiderlein noch obendrein forttragen. Es war da hinten ganz lustig und guter Dinge, pfiff das Liedchen »Es ritten drei Schneider zum Tore hinaus«, als wäre das*

Baumtragen ein Kinderspiel. Der Riese, nachdem er ein Stück Wegs die schwere Last fortgeschleppt hatte, konnte nicht weiter und rief: »Hör, ich muss den Baum fallen lassen.« Der Schneider sprang behendiglich herab, fasste den Baum mit beiden Armen, als wenn er ihn getragen hätte, und sprach zum Riesen: »Du bist ein so großer Kerl und kannst den Baum nicht einmal tragen.«

Sie gingen zusammen weiter, und als sie an einem Kirschbaum vorbeikamen, fasste der Riese die Krone des Baums, wo die zeitigsten Früchte hingen, bog sie herab, gab sie dem Schneider in die Hand und ließ ihn essen. Das Schneiderlein aber war viel zu schwach, um den Baum zu halten, und als der Riese losließ, fuhr der Baum in die Höhe, und der Schneider ward mit in die Luft geschnellt. Als er wieder ohne Schaden herabgefallen war, sprach der Riese: »Was ist das, hast du nicht Kraft, die schwache Gerte zu halten?« – »An der Kraft fehlt es nicht«, antwortete das Schneiderlein, »meinst du, das wäre etwas für einen, der siebene auf einen Streich getroffen hat? Ich bin über den Baum gesprungen, weil die Jäger da unten in das Gebüsch schießen. Spring nach, wenn du's vermagst.« Der Riese machte den Versuch, konnte aber nicht über den Baum kommen, sondern blieb in den Ästen hängen, also dass das Schneiderlein auch hier die Oberhand behielt.

Der Riese sprach: »Wenn du ein so tapferer Kerl bist, so komm mit in unsere Höhle und übernachte bei uns.« Das Schneiderlein war bereit und folgte ihm. Als sie in der Höhle anlangten, saßen da noch andere Riesen beim Feuer, und jeder hatte ein gebratenes Schaf in der Hand und aß davon. Das Schneiderlein sah sich um und dachte: es ist doch hier viel weitläufiger als in meiner Werkstatt. Der Riese wies ihm ein Bett an und sagte, er sollte sich hineinlegen und ausschlafen. Dem Schneiderlein war aber das Bett zu groß, es legte sich nicht hinein, sondern kroch in eine Ecke. Als es Mitternacht war und der Riese meinte, das Schneiderlein läge in tiefem Schlafe, so stand er auf, nahm eine große Eisenstange und schlug das Bett mit einem Schlag durch und meinte, er hätte dem Grashüpfer den Garaus gemacht. Mit dem frühsten Morgen gingen die Riesen in den Wald und hatten das Schneiderlein ganz vergessen; da kam es auf einmal ganz lustig und verwegen daher geschritten. Die Riesen erschraken, fürchteten, es schlüge sie alle tot, und liefen in einer Hast fort.

Das Schneiderlein zog weiter, immer seiner spitzen Nase nach. Nachdem es lange gewandert war, kam es in den Hof eines königlichen Palastes, und da es Müdigkeit empfand, so legte es sich ins Gras und schlief ein. Während es dalag, kamen die Leute, betrachteten es von allen Seiten und lasen auf dem Gürtel »Siebene auf einen Streich«. »Ach«, sprachen sie, »was will der große Kriegsheld hier mitten im Frieden? Das muss ein mächtiger Herr sein.« Sie gingen und meldeten es dem König und meinten, wenn Krieg ausbrechen sollte, wäre das ein wichtiger und nützlicher Mann, den man um keinen Preis fortlassen dürfte. Dem König gefiel der Rat, und er schickte einen von seinen Hofleuten an das Schneiderlein ab, der sollte ihm, wenn es aufgewacht wäre, Kriegsdienste anbieten. Der Abgesandte blieb bei dem Schläfer stehen, wartete, bis er seine Glieder streckte und die Augen aufschlug, und brachte dann seinen Antrag vor. »Eben deshalb bin ich hierher gekommen«, antwortete er, »ich bin bereit, in des Königs Dienste zu treten.« Also ward er ehrenvoll empfangen und ihm eine besondere Wohnung angewiesen.

Die Kriegsleute aber waren dem Schneiderlein aufgesessen und wünschten, es wäre tausend Meilen weit weg. »Was soll daraus werden?« sprachen sie untereinander, »wenn wir Zank mit ihm kriegen und er haut zu, so fallen auf jeden Streich siebene. Da kann unsereiner nicht beste-

hen.« Also fassten sie einen Entschluss, begaben sich allesamt zum König und baten um ihren Abschied. »Wir sind nicht gemacht«, sprachen sie, »neben einem Mann auszuhalten, der siebene auf einen Streich schlägt.« Der König war traurig, dass er um des einen willen alle seine treuen Diener verlieren sollte, wünschte, dass seine Augen ihn nie gesehen hätten, und wäre ihn gerne wieder los gewesen. Aber er getraute sich nicht, ihm den Abschied zu geben, weil er fürchtete, er möchte ihn samt seinem Volke totschlagen und sich auf den königlichen Thron setzen. Er sann lange hin und her, endlich fand er einen Rat. Er schickte zu dem Schneiderlein und ließ ihm sagen, weil er ein so großer Kriegsheld wäre, so wollte er ihm ein Anerbieten machen. In einem Walde seines Landes hausten zwei Riesen, die mit Rauben, Morden, Sengen und Brennen großen Schaden stifteten: niemand dürfte sich ihnen nahen, ohne sich in Lebensgefahr zu setzen. Wenn er diese beiden Riesen überwände und tötete, so wollte er ihm seine einzige Tochter zur Gemahlin geben und das halbe Königreich zur Ehesteuer; auch sollten hundert Reiter mitziehen und ihm Beistand leisten. Das wäre so etwas für einen Mann, wie du bist, dachte das Schneiderlein, eine schöne Königstochter und ein halbes Königreich wird einem nicht alle Tage angeboten. »O ja«, gab er zur Antwort, »die Riesen will ich schon bändigen und habe die hundert Reiter dabei nicht nötig; wer siebene auf einen Streich trifft, braucht sich vor zweien nicht zu fürchten.«

Das Schneiderlein zog aus, und die hundert Reiter folgten ihm. Als er zu dem Rand des Waldes kam, sprach er zu seinen Begleitern: »Bleibt hier nur halten, ich will schon allein mit den Riesen fertig werden.« Dann sprang er in den Wald hinein und schaute sich rechts und links um. Über ein Weilchen erblickte er beide Riesen: sie lagen unter einem Baume und schliefen und schnarchten dabei, dass sich die Äste auf und nieder bogen. Das Schneider-

lein, nicht faul, las beide Taschen voll Steine und stieg damit auf den Baum. Als es in der Mitte war, rutschte es auf einen Ast, bis es gerade über die Schläfer zu sitzen kam, und ließ dem einen Riesen einen Stein nach dem anderen auf die Brust fallen. Der Riese spürte lange nichts, doch endlich wachte er auf, stieß seinen Gesellen an und sprach: »Was schlägst du mich?« – »Du träumst«, sagte der andere, »ich schlage dich nicht.« Sie legten sich wieder zum Schlaf, da warf der Schneider auf den zweiten einen Stein herab. »Was soll das?« rief der andere, »warum wirfst du mich?« – »Ich werfe dich nicht«, antwortete der erste und brummte. Sie zankten sich eine Weile herum, doch weil sie müde waren, ließen sie's gut sein, und die Augen fielen ihnen wieder zu. Das Schneiderlein fing sein Spiel von neuem an, suchte den dicksten Stein aus und warf ihn dem ersten Riesen mit aller Gewalt auf die Brust. »Das ist zu arg!« schrie er, sprang wie ein Unsinniger auf und stieß seinen Gesellen wider den Baum, dass dieser zitterte. Der andere zahlte mit gleicher Münze, und sie gerieten in solche Wut, dass sie Bäume ausrissen, aufeinander losschlugen, so lang, bis sie endlich beide zugleich tot auf die Erde fielen. Nun sprang das Schneiderlein herab. »Ein Glück nur«, sprach es, »dass sie den Baum, auf dem ich saß, nicht ausgerissen haben, sonst hätte ich wie ein Eichhörnchen auf einen andern springen müssen: doch unsereiner ist flüchtig!« Es zog sein Schwert und versetzte jedem ein paar tüchtige Hiebe in die Brust, dann ging es hinaus zu den Reitern und sprach: »Die Arbeit ist getan, ich habe beiden den Garaus gemacht: aber hart ist es hergegangen, sie haben in der Not Bäume ausgerissen und sich gewehrt, doch das hilft alles nichts, wenn einer kommt wie ich, der siebene auf einen Streich schlägt« – »Seid Ihr denn nicht verwundet?« fragten die Reiter. »Das hat gute Wege«, antwortete der Schneider, »kein Haar haben sie mir gekrümmt.« Die Reiter wollten ihm keinen Glauben beimessen und ritten in den Wald hinein: da fanden sie die Riesen in ihrem Blute schwimmend, und ringsherum lagen die ausgerissenen Bäume.

Das Schneiderlein verlangte von dem König die versprochene Belohnung, den aber reute sein Versprechen, und er sann aufs neue, wie er sich den Helden vom Halse schaffen könnte. »Ehe du meine Tochter und das halbe Reich erhältst«, sprach er zu ihm, »musst du noch eine Heldentat vollbringen. In dem Walde läuft ein Einhorn, das großen Schaden anrichtet, das musst du erst einfangen.« – »Vor einem Einhorn fürchte ich mich noch weniger als vor zwei Riesen; siebene auf einen Streich, das ist meine Sache.« Er nahm sich einen Strick und eine Axt mit, ging hinaus in den Wald und hieß abermals die, welche ihm zugeordnet waren, außen warten. Er brauchte nicht lange zu suchen, das Einhorn kam bald daher und sprang geradezu auf den Schneider los, als wollte es ihn ohne Umstände aufspießen. »Sachte, sachte«, sprach er, »so geschwind geht das nicht«, blieb stehen und wartete, bis das Tier ganz nahe war, dann sprang er behendiglich hinter den Baum. Das Einhorn rannte mit aller Kraft gegen den Baum und spießte sein Horn so fest in den Stamm, dass es nicht Kraft genug hatte, es wieder herauszuziehen, und so war es gefangen. »Jetzt hab ich das Vöglein«, sagte der Schneider, kam hinter dem Baum hervor, legte dem Einhorn den Strick erst um den Hals, dann hieb er mit der Axt das Horn aus dem Baum, und als alles in Ordnung war, führte er das Tier ab und brachte es dem König.

Der König wollte ihm den verheißenen Lohn noch nicht gewähren und machte eine dritte Forderung. Der Schneider sollte ihm vor der Hochzeit erst ein Wildschwein fangen, das in dem Wald großen Schaden tat; die Jäger sollten ihm Beistand leisten. »Gerne«, sprach der Schneider, »das ist ein Kinderspiel.« Die Jäger nahm er nicht mit in den Wald, und sie waren's wohl zufrieden, denn das Wildschwein hatte sie schon mehrmals so empfangen, dass sie keine Lust hatten, ihm nachzustellen. Als das Schwein den Schneider erblickte, lief es mit schäumendem Munde und wetzenden Zähnen auf ihn zu und wollte ihn zur Erde werfen: der flüchtige Held aber sprang in eine Kapelle, die in der Nähe war, und gleich oben zum Fenster in einem Satz wieder hinaus. Das Schwein war hinter ihm hergelaufen, er aber hüpfte außen herum und schlug die Türe hinter ihm zu; da war das wütende Tier gefangen, das viel zu schwer und unbehilflich war, um zu dem Fenster hinauszuspringen. Das Schneiderlein rief die Jäger herbei, die mussten den Gefangenen mit eigenen Augen sehen: der Held aber begab sich zum Könige, der nun, er mochte wollen oder nicht, sein Versprechen halten musste und ihm seine Tochter und das halbe Königreich übergab. Hätte er gewusst, dass kein Kriegsheld, sondern ein Schneiderlein vor ihm stand, es wäre ihm noch mehr zu Herzen gegangen. Die Hochzeit ward also mit großer Pracht und kleiner Freude gehalten und aus einem Schneider ein König gemacht.

Nach einiger Zeit hörte die junge Königin in der Nacht, wie ihr Gemahl im Traume sprach: »Junge, mach mir den Wams und flick mir die Hosen, oder ich will dir die Elle über die Ohren schlagen.« Da merkte sie, in welcher Gasse der junge Herr geboren war, klagte am anderen Morgen ihrem Vater ihr Leid und bat, er möchte ihr von dem Manne helfen, der nichts anders als ein Schneider wäre. Der König sprach ihr Trost zu und sagte: »Lass in der nächsten Nacht deine Schlafkammer offen; meine Diener sollen außen stehen und, wenn er eingeschlafen ist, hineingehen, ihn binden und auf ein Schiff tragen, das ihn in die weite Welt führt.« Die Frau war damit zufrieden, des Königs Waffenträger aber, der alles mit angehört hatte, war dem jungen Herrn gewogen und hinterbrachte ihm den ganzen Anschlag. »Dem Ding will ich einen Riegel vorschieben«, sagte das Schneiderlein. Abends legte es sich zu gewöhnlicher Zeit mit seiner Frau zu Bett: als sie glaubte, es sei eingeschlafen, stand sie auf, öffnete die Türe und legte sich wieder. Das Schneiderlein, das sich nur stellte, als wenn es schlief, fing an mit heller Stimme zu rufen: »Junge, mach mir den Wams und flick mir die Hosen, oder ich will dir die Elle über die Ohren schlagen! Ich habe siebene mit einem Streich getroffen, zwei Riesen getötet, ein Einhorn fortgeführt und ein Wildschwein gefangen und sollte mich vor denen fürchten, die draußen vor der Kammer stehen!« Als diese den Schneider also sprechen hörten, überkam sie eine große Furcht; sie liefen, als wenn das wilde Heer hinter ihnen wäre, und keiner wollte sich mehr an ihn wagen. Also war und blieb das Schneiderlein sein Lebtag ein König.

List und Schwäche als Lebenskunst

Wie ist es Ihnen ergangen, als Sie das Märchen vom tapferen Schneiderlein nach vielleicht sehr langer Zeit jetzt wieder gelesen haben? Obwohl es eines der Märchen ist, das uns als Kinder viel Freude, Vergnügen und Genugtuung bereitet hat, tun wir uns als Erwachsene doch etwas schwer mit ihm. Wir können uns nicht mehr unbefangen darüber freuen, dass jemand mit einem Streich sieben Fliegen erschlägt und sich dann für den größten aller Helden hält, und wir können uns auch nicht mehr unbefangen darüber freuen, dass jemand auf diese listenreiche und prahlerische Weise ein halbes Königreich und eine schöne Prinzessin dazu gewinnt. Wir spüren, dass es so leicht im Leben nicht geht.

Wir haben erfahren, dass viele unserer Kindheitsträume und -sehnsüchte unerfüllt geblieben sind und dass es schwer genug war, uns einen einigermaßen gesicherten Platz in der Erwachsenenwelt zu verschaffen – wir mussten viele Opfer, Enttäuschungen und Einschränkungen auf uns nehmen, um unseren oft beschwerlichen Lebensweg gehen zu können. Deshalb ärgern wir uns verständlicherweise über jeden, der, wie unser tapferes Schneiderlein, mit weniger Anstrengung, mit Glück, Aufschneiderei und Täuschung zu anscheinend unverdientem Erfolg gelangt.

Kinder sehen das Märchen natürlich aus einer anderen Perspektive. Weil sie sich selbst als klein und schwach erleben und von den Ansprüchen der Riesenwelt der Erwachsenen überfordert fühlen, identifizieren sie sich leicht mit dem Schneiderlein. Es ist einer von ihnen, und es zeigt ihnen, dass man mit den Riesenproblemen des Lebens auch anders fertig werden kann als mit überlegener Stärke. Es ermutigt sie, eine mehr spielerische, kreative Haltung dem Leben gegenüber einzunehmen, in der geistige Beweglichkeit und ein humorvolles Gemüt fremder Macht und Körperkraft überlegen sind.

Das ist nun der Punkt, wo das Märchen auch für uns Erwachsene wichtig wird. In einem gewissen Sinne bleiben wir ja immer Kinder des Lebens. Wir wissen nicht, wo wir herkommen, wer wir sind und wohin wir schließlich gehen. Unserem geheimnisvollen Leben und Schicksal gegenüber sind wir kleine, schwache Kinder. Das Leben ist immer größer und stärker als wir. Deshalb können wir uns fragen, ob uns das tapfere Schneiderlein auch etwas über die Kunst zu sagen weiß, wie man mit den Kräften und Mächten des Erwachsenenlebens umgeht.

Jedes Märchen lässt sich bekanntlich auf den unterschiedlichsten Ebenen deuten, was durch die Unbestimmtheit seiner Symbolsprache möglich ist. Es gibt historische, völkerkundliche, soziologische und psychologische Interpretationsansätze. Wenn man ein Märchen psychologisch angeht, kann man dies auch wieder unter verschiedenen Aspekten tun. Man kann sich fragen, welche typischen kindlichen Entwicklungsphasen und -probleme es spiegelt, welche gesellschaftlichen Fragen angesprochen werden oder welche allgemeinen Lebensweisheiten es zu vermitteln vermag. Manchmal bietet die Eigenart des Märchens den zu wählenden Ansatz an, meist aber entspringt er der Vorliebe des Autors.

Die durchaus doppeldeutige Figur des tapferen Schneiderleins mit seinen schattenhaften Aspekten legt es nahe, an ihr die Fassadenhaftigkeit, die doppelte Moral und die Manipulationsneigungen des Menschen und unserer Gesellschaft darzustellen. Auch ließe sich die psychoanalytische Narzissmustheorie sehr gut auf das Märchen übertragen. Es entsprach aber meiner Vorliebe, das Märchen hauptsächlich unter dem Gesichtspunkt positiver Lebenskunst zu betrachten. Ich gestehe es mir dabei zu, dass diese Interpretation an manchen Stellen eine »sanfte Umdeutung« ist, wobei ich vermute, dass das Schneiderlein Verständnis dafür haben würde, ist es doch selbst mit diesem Trick bestens vertraut (vgl. S. 81).

Lebenskunst möchte ich hier definieren als die Kunst, eine Einstellung zum Leben zu finden, die dessen Ganzheit, Polarität, Vielfalt und ständiger Veränderung gerecht wird und die meiste Befriedigung verschafft. Sie ist die Kunst, das Beste aus seinem Leben zu machen.[1]

Wieso aber kann uns ein schwaches Schneiderlein Lebenskunst vermitteln? Weil Lebenskunst da beginnt, wo wir uns unserer Schwäche bewusst werden.

Die starken und mächtigen Menschen bemühen sich selten um Lebenskunst, weil sie sich das Leben nach ihren Vorstellungen erzwingen. Meist berauben sie sich damit zwar der Schönheit des Lebens und ihrer Fähigkeit, es zu lieben und sich an ihm zu erfreuen, aber sie merken es kaum. Sie sehen nicht, dass das Leben letzten Endes stärker bleibt und nicht wirklich bezwungen werden kann. Im Überwältigen des Lebens werden sie schließlich selbst überwältigt. Gewalt erzeugt Gegengewalt, oder, wie es der chinesische Weise Laotse ausdrückt: »Die Starken sterben eines unnatürlichen Todes. Das will ich zum Kernstück meiner Lehre machen.«[2]

Lebenskunst können wir von denjenigen Menschen lernen, die sich ihrer Schwäche bewusst geworden sind und aus dieser Haltung heraus leben. Lebenskunst ist, wenn man trotzdem lebt (und zwar so gut, so leidenschaftlich und liebevoll wie möglich). Alle die Schwachen, die Unterlegenen, die Verlierer und Narren, die erfahren haben, dass sie nichts wissen, und für die das Leben nach wie vor ein großes Wunder und Rätsel ist, haben eine größere Chance als die Starken und Allwissenden, zu Künstlern ihres Lebens zu werden. Aber nur wenige von ihnen erkennen die Möglichkeiten der Schwäche, sie versuchen verzweifelt, doch noch zu Siegern zu werden, oder sie resignieren.

Ein Mensch, der das Leben als überlegen empfindet, wird ihm gegenüber eine höhere Sensibilität, Empfänglichkeit und Einfühlung entwickeln. Er wird das Leben beobachten, von ihm lernen, um sich seinen Bewegungen, Strömungen und Gegenströmungen anpassen zu können. Ihm fehlt die Kraft und Überheblichkeit, gegen das Leben sein zu können. Während die Stärke des Siegers die der Kraft, des Willens, der Eindeutigkeit, der Konsequenz und Härte ist, liegt die Stärke des Lebenskünstlers in seiner Schwäche, Weichheit und Beweglichkeit und in seiner Fähigkeit, mit den Paradoxien des Lebens umzugehen, so dass er an ihnen nicht wie der Starke zerbricht. Er meistert das Leben nicht, indem er es bekämpft und unterdrückt, sondern indem er es zulässt, annimmt und sich von ihm tragen lässt wie ein Wellenreiter von seiner Welle. Lebenskunst ist die Kunst des Loslassens des Unnötigen, des Annehmens dessen, was ist, wie es ist, und des Mitgehens mit der Lebensenergie. Das zeigt das tapfere Schneiderlein in vielen Situationen.

Weisheiten der Lebenskunst erscheinen oft sehr banal, konservativ, selbstverständlich oder sinnlos. Manchmal kommen sie uns wie mysteriöse Rätsel vor oder wie ein billiger Ratschlag, den uns jemand gibt, der auch nicht weiter weiß. Einigen von diesen »banalen« Ratschlägen wird der Leser auch in den folgenden Kapiteln begegnen. Er wird immer wieder lesen, dass es wichtig ist, sich selbst anzunehmen, wie man ist, oder dass man die Welt nach seinen eigenen Vorstellungen gestalten kann. Das finden wir auch in Sprichwörtern und Redensarten wieder – zum Beispiel: »Jeder ist seines Glückes Schmied« –, die wir häufig im Munde führen, aber selten in ihrer ganzen Tiefe verstehen. Ob uns Lebensweisheiten wirklich helfen, hängt offenbar davon ab, inwieweit wir innerlich für sie reif geworden sind. Als ich noch ein Junge war, pflegte mir mein Vater oft beiläufig zu sagen: »Weißt du, das Einfachste ist das Beste.« Damals ärgerte mich dieser Ausspruch. Ich empfand ihn als rückschrittlich und altmodisch. Heute hingegen erscheint mir dieser Satz fast wie die Quintessenz aller Lebensweisheit. So möchte ich den Leser um Nachsicht bitten, wenn ihm manche der folgenden Gedankengänge und Anregungen zur Lebenskunst zu selbstverständlich und zu einfach vorkommen.

Lebenskunst ist für mich die Kunst des Einfachen. Auch das Leben ist im Grunde einfach und ungeteilt, es ist einfach so, wie es ist. Aber unsere Theorien und Vorstellungen, unsere Ideologien und Ideale machen es kompliziert und widersprüchlich. Das Leben wird aufgeteilt in Bereiche, die sein dürfen, und solche, die nicht sein dürfen. Daraus entstehen Konflikte, Spannungen und Gewalt. Einfache Lebenskunst dagegen ist wie ein Balsam auf wunder Haut. Sie entspannt und lindert die Schmerzen der seelischen Blutungen, Kämpfe und Anstrengungen, indem sie keine neuen Ideale aufstellt, nicht immer wieder Neues und Anderes von uns fordert, sondern uns immer mehr so sein lässt, wie wir sind. Lebenskunst bezieht sich deshalb auch vornehmlich auf eine Veränderung der Beziehung zu uns selbst und weniger auf eine Veränderung anderer Menschen oder der Außenwelt. Vieles, was uns als Problem der Außenwelt erscheint, ist nur ein Spiegel unserer gestörten Innenwelt. Wenn es uns gelingt, uns mit uns selbst zu versöhnen und den Streit der vielen Seelen in unserer Brust zu schlichten, dann finden sich auch Ansätze für eine Befriedung der Außenwelt.

Unser tapferes Schneiderlein ist ein Meister der Kunst des Einfachen. Es löst seine Probleme mit verblüffend einfachen Mitteln und mit geringstem Aufwand. Es kann dies nur, weil es in gewisser Weise über den Gegensätzen und künstlichen moralischen Grenzen steht. Das hat es mit den anderen Gestalten gemein, die symbol- und völkerkundlich als »Trickster« bezeichnet werden. Wie zum Beispiel Hermes-Mercurius, der griechische Gott der Wege und Grenzübergänge, der Reisenden, der Kaufleute, der Diebe und Taschenspieler, der Diplomaten und neuerdings der Psychotherapeuten, seine schwierigen Aufgaben nur mit Hilfe seines listigen Verstandes und seiner Freiheit moralischen Bedenken gegenüber lösen kann, so hat auch das Schneiderlein keine Probleme damit, Tricks einzusetzen, wenn es der einfachsten Lösung einer Aufgabe dient. Man mag dazu sehr berechtigte moralische Einwände haben, muss aber auch sehen, dass Tricks zuweilen dem Leben angemessener sind als manche »tödlichen« Wahrheiten und Ausdruck menschlicher Weisheit sein können.[3]

Wenn wir das Trickster-Schneiderlein als einen Aspekt in jedem Einzelnen von uns ansehen, dann kommt es darauf an, es in uns zu erkennen und es so einzusetzen, dass es nicht unbezogen und destruktiv und damit lebens- und menschenfeindlich wird. Vielmehr sollen seine Einfälle und Impulse mit dazu beitragen, uns aus festgefahrenen und anscheinend ausweglosen Situationen eben nicht mit Gewalt, sondern mit »sanften« und zugleich kreativen Lösungen zu befreien. Um die Eskapaden unseres Tricksters in den für uns und unsere Mitmenschen notwendigen Grenzen zu halten, bedürfen wir natürlich der Moral; aber eine allzu starre, an den alten, überlieferten Werten und Normen orientierte Moral würde die uns von ihm verliehene Spontaneität, Originalität und Lebendigkeit abtöten. Er fordert von uns, eine eigene, eine autonome Moral zu finden, die zwar nicht unsere Mitmenschen schädigt, an der wir aber wachsen und die mit uns wächst.

Lebenskunst aus Leibeskräften

An einem Sommermorgen saß ein Schneiderlein auf seinem Tisch am Fenster, war guter Dinge und nähte aus Leibeskräften.

Gleich im ersten Satz unseres Märchens finden wir wesentliche Elemente der Lebenskunst, wie sie uns vom Schneiderlein vermittelt wird, zusammengefasst: Lebensoffenheit, Lebensfreude und Lebenssinn. Er spiegelt auch sehr treffend die Grundhaltung und Grundstimmung des Schneiderleins wider, die es selbst bei seinen teilweise sehr gefährlichen Abenteuern niemals verliert. Und schließlich können wir diesen ersten Satz als einen Hinweis auffassen, wie das Märchen insgesamt zu sehen ist, nämlich als eine sonnige, heitere Geschichte mit ironisch-satirischen Untertönen.

Das Märchen beginnt an einem Sommermorgen. Im Kreislauf der Natur und im Leben des Menschen bezeichnet der Sommer eine Zeit der vollen Kraftentfaltung, des Auswachsens und Ausdifferenzierens angelegter Potenzen. Im Lebenssommer des Menschen, der etwa von seinem 25. bis zu seinem 50. Lebensjahr reicht, finden biologische Vitalität und intellektuelle Fähigkeiten ihren Höhepunkt. Aber unweigerlich und gerade wegen des jetzt erstmals möglichen Erlebens persönlicher Fülle und Macht taucht auch die bange Frage nach der Grenze und dem Schwinden dieser Kraft auf, erst leise, kaum vernehmbar, dann zunehmend nachdrücklicher und irritierender. Man beginnt zu verstehen, was Montesquieu meinte, als er sagte: »Wie schade, dass so wenig Raum ist zwischen der Zeit, wo man zu jung, und der, wo man zu alt ist!« Man kann den mit dem bedrohlichen Schatten der Einschränkung und der Schwäche verbundenen Zweifeln und Fragen zwar noch sehr leicht durch gesteigerte Aktivität, Flucht in Verpflichtungen und Verantwortlichkeiten und andere Ablenkungsmanöver entgehen und sich so die Illusion der andauernden Stärke bewahren, nimmt sich damit aber eine wertvolle Chance der Lebensvertiefung. Gerade durch die Auseinandersetzung mit der eigenen Beschränkung und Endlichkeit, durch die Einsicht, dass das Leben nicht ständig so weitergehen kann, und durch die zunehmende Bewusstheit darüber, dass der Tod unser treuer Begleiter ist, kann eine neue, früher ungeahnte Erlebensdimension gewonnen werden.

Der Tod kann dabei zu einem wahren Lehrmeister der Lebenskunst und Lebensweisheit werden, weil er uns beständig auffordert, das Wesentliche vom Unwesentlichen zu unterscheiden. Die Frage nach dem, wie man denn sein Leben gestalten soll, damit es Sinn, Befriedigung und Freude erhält, stellt sich verstärkt dann, wenn man wahr- und ernst genommen hat, dass es auch einmal enden wird. Das ist in der Regel frühestens im Lebenssommer der Fall. Nachdem sich die Irrungen und Wirrungen, die Ängste und Hoffnungen, die Illusionen und realen Möglichkeiten, die Anstrengungen, Erfolge und Enttäuschungen des Lebensfrühjahrs etwas geklärt und beruhigt haben und man etwas Lebenserfahrung gewonnen hat, ist man nun in der Lage, einen kleinen Schritt zurück zu tun, um sich seine Situation mit etwas mehr Distanz, Gelassenheit und Ruhe zu betrachten.

Lebenskunst setzt Lebenserfahrung und das Annehmen der eigenen Lebensendlichkeit voraus, weil dadurch der Blick aufs eigene Leben objektiver und realistischer wird und sich auf das Wesentliche richtet. Dazu passt ganz gut, dass unser Märchenheld vermutlich bereits ein etablierter Schneider-Meister ist und kein Kind oder Geselle wie in anderen Märchen. Trotz einiger recht naiver und jugendlicher Züge erweist er sich, wie wir später noch sehen werden, als ein Meister der Beschränkung. Er vermag mit sparsamsten Mitteln größtmögliche Wirkungen zu erzielen. Das ist nur möglich, wenn man auf das Wesentliche zu schauen vermag.

Das Stichwort »Sommer« ist aber für die Lebenskunst noch aus einem anderen Grunde von Belang. Es könnte uns darauf hinweisen, dass Lebenskunst die Kunst ist, jede Lebensphase als »Höhe des Lebens« wahrzunehmen und den in jeder Lebensstufe enthaltenen Sinngehalt zu realisieren. Durch die in unserer Gesellschaft vorherrschenden Werte der Stärke, Macht und Größe, die vom Einzelnen – wenn überhaupt – nur während weniger Jahre seines Lebens erfahren werden können, werden die anderen Lebensphasen ihres Sinnes und ihrer Möglichkeiten beraubt. Das Kind erlebt seine Kindheit immer nur im Hinblick und als Vorbereitung auf das Erwachsenendasein. Dadurch werden ihm die Besonderheit, der Reiz und die Schönheit seines Kindseins genommen, wie zum Beispiel seine Fähigkeiten zur kreativen Phantasie und spontanen Lebensoffenheit, zur spielerischen Sinnlichkeit und Lebensfreude. Der Alternde hingegen hält verkrampft und mit zunehmender Resignation an den Werten der Leistung, des Erfolgs und der Fitness fest. Er vermag in seinen besonderen Vorzügen – seiner Lebenserfahrung, seiner Gelassenheit, Weisheit und seinem Humor –, die ihm einen Zugang zu den großen Lebensfragen ermöglichen könnten, nichts zu sehen, was seinem Leben Erfüllung und Würde verliehe.

Lebenskunst heißt nun, den Sommer, die Fülle des Lebens, in jeder Altersstufe und auch in jedem Augenblick wahrzunehmen und zu verwirklichen, so gut es einem möglich ist.

Unser Schneiderlein sitzt an einem Sommermorgen auf seinem Tisch am Fenster. Zunächst hat dieser sonnige Arbeitsplatz natürlich seine ganz praktischen Gründe. Er bietet optimale Lichtverhältnisse für die diffizile Arbeit des Schneiders. Symbolisch betrachtet offenbart er aber auch einige überraschende Aspekte zur Lebenskunst, die man so zusammenfassen könnte: Lebenskunst ist, wenn man sich einen sonnigen Fensterplatz zu verschaffen weiß.

Die Fenster und Türen eines Hauses sind die Grenzbezirke und Übergangsbereiche, wo sich die sonst verborgene Innenwelt des Hauses der Außenwelt gegenüber öffnet. Fenster ermöglichen nicht nur Einblicke, sondern auch Ausblicke. Von ihnen aus kann – manchmal nur neugierig-verstohlen hinter tarnender Gardine, manchmal offen-demonstrativ über die Fensterbrüstung gelehnt – Kontakt mit der Außenwelt aufgenommen werden, ohne dass die Sicherheit des Hauses verlassen werden muss. Wir sind auf die Beziehung und den Austausch mit unserer Umwelt angewiesen. Unsere Augen, die Fenster unserer Seele, bedürfen der Wahrnehmung der Formen und Farben des Lebendigen. Wie froh sind wir, wenn wir nach langer, dunkler, vielleicht schwerer Nacht endlich wieder die Strahlen der Sonne erblicken können! Mit zu den grausamsten Torturen der »Gehirnwäsche« gehört es, den Gefangenen tagelang in einen engen, dunklen, fensterlosen Raum einzusperren, um ihm dadurch auch seine innere Orientierungsfähigkeit und Identität zu nehmen.

Deshalb sind die Fensterplätze im Bus, in der Eisenbahn, im Flugzeug und Schiff so begehrt. Dort können wir teilnehmen an der Schönheit und Vielfalt des Lebens. Lebenskunst heißt, sich einen – möglichst offenen – Fensterplatz zu verschaffen. Dazu bedarf es nicht des Geldes oder der Ellenbogen, sondern einer veränderten Einstellung, auf das Leben zu schauen. Fensterplätze gibt es überall und jederzeit, für jeden Menschen sind genügend vorhanden, man muss nur lernen, sie wahrzunehmen. Wo man sich für das Neue, das Unbekannte, das Lebendige und für seine Mitmenschen offen und empfänglich hält, hat man einen Fensterplatz gefunden. In der folgenden Parabel wird dieses einfache Geheimnis der Lebenskunst wunderschön dargestellt.

Ein Einsiedler, der wegen seiner Lebensfreude weit bekannt ist, wird von einem Mann in seiner kleinen, dunklen Höhle aufgesucht. Der Mann will wissen, was denn das Geheimnis seines Glücklichseins sei. Darauf führt ihn der Einsiedler zu einer kleinen Öffnung, durch die ein spärlicher Lichtstrahl in die Höhle fällt. Dann sagt der Einsiedler zu dem Mann: »Das Geheimnis ist: Wenn man mit seinem Auge nahe genug an diese Öffnung geht und den Kopf dreht, dann kann man etwas von dem blauen Himmel sehen!«

Der Einsiedler hat also einen sehr bescheidenen, aber für sein Glück ausreichenden Fensterplatz gefunden, der ihm täglich bewusst macht, dass sein einfaches Da-Sein Grund genug zur Freude am Leben ist.

Am Fenster sitzen heißt auch, ganz bei sich selbst und gleichzeitig offen für das Leben zu sein. Es ist ein Ort der Mitte, wo Außen und Innen, Öffentlichkeit und Intimität, Extraversion und Introversion sich berühren und im Ausgleich sind. Aber diese Mitte ist kein statischer Zustand, sondern eine dynamische Bewegung. Da wird es zuweilen nötig sein, das Fenster zu schließen, um die Dinge des Lebens aus gebührendem Abstand oder schützender Distanz zu beobachten. Ein anderes Mal wird es sogar nötig sein, die Fensterrolläden herunterzulassen, damit das, was im Geheimen des Inneren geschieht, nicht durch allzu grelles Licht und öffentliche Einmischung gestört wird. Wieder ein anderes Mal wird man vom Fenster aus die Außenwelt herauf- und hereinwinken, und schließlich wird man auch einmal seinen Fensterplatz verlassen und in die Welt hineingehen müssen, will man nicht in einer lebensfernen »Von-oben-herab«-Haltung erstarren. Wie wir bald erfahren, fühlt sich auch unser Schneiderlein dazu veranlasst, seinen Fensterplatz aufzugeben, um sich in der Welt »zu versuchen«. Dennoch hat man den Eindruck, dass es während des ganzen

Märchens seinen inneren Fensterplatz und seine ihm gemäße Mitte selbst bei den gefährlichsten Unternehmungen weitgehend bewahrt. Vermutlich liegt hierin der Grund, warum wir es ständig bei guter Laune antreffen und es seinen Optimismus nie verlieren sehen. Wer in seiner Mitte ist, hat gut lachen.

Aber auch das Umgekehrte ist möglich. Man kann sich seiner Mitte annähern, indem man den Weg des Humors geht. Lebenskunst ist zwar nicht die Kunst, immer »guter Dinge« zu sein wie unser Schneiderlein im ersten Satz des Märchens, aber doch in hohem Maße die Kunst des Humors. Dieser Weg zur Mitte scheint in vielen west-östlichen Methoden der Selbstverwirklichung und in den patriarchalen Religionsformen weitgehend unbekannt zu sein. Diese sind mehr oder weniger problem- und konfliktorientiert; sie sehen das Leben vornehmlich unter dem Aspekt des Ernstes, des Leidens, der Anstrengung, des Opfers und der schweren Verantwortlichkeit und weniger unter dem Aspekt der Freude, der Kreativität und des Humors.[4]

Sicherlich gibt es viele Formen der Heiterkeit, des Lustig- und Witzigseins, die eine Flucht und eine Abwehr tiefer liegender Ängste, Komplexe und gegenteiliger Gefühle darstellen, und es ist sehr wichtig, die hinter solchen Heiterkeitsäußerungen liegenden inneren Nöte, die Enttäuschung und Verzweiflung, die Bitterkeit und Aggression wahrzunehmen. Aber wir sollten nicht der Gefahr erliegen, bei allem Verständnis für die möglichen Hintergründe des menschlichen Humors diese weise und befreiende Eigenschaft des Menschen wegzurationalisieren, sondern uns gegenseitig ermuntern, sie zu erwecken und zu kultivieren.

Humor ist eine mächtige und heilsame Magie. Seine Wirkung beruht darauf, dass er uns aus unserer Ich-Verkrampfung, Ich-Verspannung und Ich-Befangenheit erlöst, uns für einen kurzen Moment mit unserer Mitte verbindet und uns dadurch einen erweiterten, objektiveren Standpunkt finden lässt. Wer hat nicht schon erlebt, wie eine unerträglich belastende Situation durch eine einfache, humorvolle Bemerkung auf wundersame Weise verwandelt wurde? Wo vorher Härte, Aggressivität und Angst die Beziehungsatmosphäre vergiftet haben, wird sie nun von menschlicher Wärme, Versöhnlichkeit und Hoffnung erfüllt. Im humorvollen Austausch und Lachen können wir uns ein Stück weit so geben, wie wir wirklich sind – jenseits unserer Rollenspiele und Fassaden –, und erfahren, dass der andere Mensch auch nicht viel anders ist als man selbst: ein menschlich-allzumenschlicher Mensch. Hier können wir auch den Unterschied zwischen Humor und dem amerikanischen »Keep smiling« oder dem asiatischen »Immer nur lächeln« erkennen: Während Humor den akzeptierenden Zugang zum eigenen Wesen und eine Vertiefung der menschlichen Beziehung ermöglicht, dient das andere oft einer Tarnung der eigenen Befindlichkeit und einer Verflachung der mitmenschlichen Kommunikation.

Im Humor fließen alle wesentlichen Elemente der Lebenskunst zusammen – Menschenkenntnis, Selbsterkenntnis, Toleranz, Gelassenheit, Lebensfreude und Liebe – und bilden ein einzigartiges magisches Lebenselixier.

Leider versuchen oder verstehen es nur wenige, sich dieses Elixier mit seiner in allen Lebensbereichen erfahrbaren wunderwirkenden Kraft zu brauen. Da wir gerade in solchen Situationen, in denen wir dabei sind, uns zu großer Wichtigkeit, Bedeutsamkeit und Ernsthaftigkeit aufzublasen, unseren Humor am nötigsten hätten, ihn aber am wenigsten besitzen, ist es natürlich sehr schwer, ihn zu üben.

Gelegentlich ist es nützlich, sich rechtzeitig ein humorvolles Symbol oder eine lustige Erinnerung einfallen zu lassen. Ich denke häufig an eine Fabel, die mich als Kind sehr beeindruckt hat: Ein Frosch möchte so groß wie ein Ochse sein und bläst sich so lange auf, bis er platzt. Ich stelle mir dann in einem der obengenannten Fälle so plastisch wie möglich vor, wie ich dabei bin, mich mit großer Anstrengung aufzublasen. Meist muss ich dann innerlich lachen, und die Situation entspannt sich. Gelegentlich fällt mir auch eine nette Begebenheit ein, in der ein kleiner Junge bitterlich und untröstlich weinte, weil seine neue Badehose, auf die er so stolz war, beim Baden nass geworden war. Er konnte sich kaum beruhigen, musste zu allen möglichen Leuten hinlaufen und ihnen zur Selbstbestätigung sagen, dass eine Badehose ja nass werden dürfe. Seither sage ich mir, wenn mir bewusst wird, dass ich wieder einmal allzu verbissen auf meinem Recht beharre, mich zu ärgern: »Dir ist wohl wieder deine Badehose nass geworden!« Manchmal hilft's. Eine andere ähnliche Erinnerung geht auf mein Bemühen zurück, kurz vor der Grenze zum Ausland noch ein Nationalitätenkennzeichen möglichst sauber und akkurat auf die Heckklappe meines Wagens aufzukleben. Wie man sich vorstellen kann, war mein Bestreben, die Sache so perfekt wie möglich zu machen, mit dem Erfolg gekrönt, dass unter dem Aufkleber eine deutliche Luftblase verblieb. Dank fehlender Nadel und vorhandener Faulheit »erfreute« mich die Blase während des ganzen Urlaubs mit ihrer Existenz. Seither interpretiere ich mir die kleinen Missgeschicke des Alltags als Blasen, die das Leben so mit sich bringt. Manches lässt sich dadurch leichter vergessen.

Unser Schneiderlein scheint jedenfalls eine gehörige Portion Humor zu besitzen. Ohne ihn hätte es sicherlich nicht seine durchaus gefährlichen Abenteuer mit solch listenreicher Gelassenheit überstehen können.

Aber noch ein letztes wollen wir dem ersten Satz des Märchens entnehmen. Wir erfahren, dass das Schneiderlein »aus Leibeskräften« nähte. Das ist eine ironische Anspielung auf die körperliche Schwäche des Schneiderleins, für das schon das Nähen eine körperliche Anstrengung bedeutet. Gleichzeitig soll uns damit auch etwas besser verständlich gemacht werden, wieso ihm später das Erschlagen der sieben Fliegen auf einen Streich tatsächlich wie eine Heldentat vorkommt. Es ist eine Karikierung der körperlichen Leichtigkeit, Schmächtigkeit und Kränklichkeit, die man dem Schneider früher tatsächlich zuschrieb. Seine Schwächlichkeit führte man übrigens auf mangelnde Nahrung, auf seine Stubenhockerei und den fehlenden körperlichen Ausgleich zurück.[5] Wenn unser Schneiderlein aus Leibeskräften näht, dann können wir dies in Anbetracht seines sommerlichen Platzes und seiner guten Laune auch so verstehen, dass er mit seinem ganzen Herzen bei der Sache ist. Das ist nun ein Aspekt der Lebenskunst, den wir in unserer Kindheit alle beherrschten, den die meisten von uns aber verloren haben. Durch eine neugier- und kreativitätshemmende Erziehung, durch stures Einpauken-Müssen von Wissensstoff, der nur zum geringen Teil einen Bezug zur Lebenswirklichkeit und zum Alter des Schülers hat, durch die schon fast sprichwörtliche Entfremdung am Arbeitsplatz, durch Leistungsüberforderung, äußeren (Lärm, Zeit- und Termindruck) wie inneren (Ehrgeiz, Perfektionismus) Stress haben wir verlernt, uns auf die Dinge, die wir jeweils tun, ganz einstellen zu können. Unsere jeden Arbeitsgenuss zerstörende Parole lautet, so viel wie möglich in kürzester Zeit zu tun. Dadurch können wir uns innerlich nicht entspannen. Aber ein wirklich befriedigendes und schöpferisches Einlassen auf eine Tätigkeit erfordert die Fähigkeit des Loslassens, damit sich Herz und Verstand unbelastet von anderen Inhalten ganz ihrer Aufgabe hingeben können.

So sind Langeweile, Desinteresse, Konzentrationsschwierigkeiten, Depressionen im beruflichen und familiären Alltag ständig im Zunehmen. Ohne eine tiefgreifende Änderung unseres Erziehungssystems, unserer Arbeitswelt und unserer Lebenswerte scheint sich da nichts bessern zu können. Und doch gibt es Menschen, die selbst sehr monotone und routinemäßige Arbeit mit Freude und Befriedigung verrichten. Was ist ihr Geheimnis?

Beppo, der Straßenkehrer aus Michael Endes Roman »Momo«, gibt uns einen Hinweis: »›Siehst du, Momo‹, sagte er dann zum Beispiel, ›es ist so: Manchmal hat man eine sehr lange Straße vor sich. Man denkt, die ist so schrecklich lang; das kann man niemals schaffen, denkt man.‹ Er blickte eine Weile schweigend vor sich hin, dann fuhr er fort: ›Und dann fängt man an, sich zu eilen. Und man eilt sich immer mehr. Jedesmal, wenn man aufblickt, sieht man, dass es gar nicht weniger wird, was noch vor einem liegt. Und man strengt sich noch mehr an, man kriegt es mit der Angst, und zum Schluss ist man ganz außer Puste und kann nicht mehr. Und die Straße liegt immer noch vor einem. So darf man es nicht machen.‹

Er dachte einige Zeit nach. Dann sprach er weiter: ›Man darf nie an die ganze Straße auf einmal denken, verstehst du? Man muss nur an den nächsten Schritt denken, an den nächsten Atemzug, an den nächsten Besenstrich. Und immer wieder nur an den nächsten.‹ Wieder hielt er inne und überlegte, ehe er hinzufügte: ›Dann macht es Freude; das ist wichtig, dann macht man seine Sache gut. Und so soll es sein.‹«[6]

Zwei einfache Dinge sind es, die fast zu trivial erscheinen, aber dennoch das Geheimnis befriedigender Tätigkeit ausmachen. Das erste ist, dass man sich für die Sache, die man gerade tun will, auch wirklich entscheidet. Viele Menschen rauben sich einen Großteil ihrer Energie durch eine ständige ambivalente Haltung: »Soll ich nun aufstehen oder nicht? Soll ich mir noch ein Stück Kuchen nehmen oder nicht? Soll ich nun die Fenster putzen oder nicht?« So geht es den ganzen Tag, selbst bei den einfachsten Entscheidungen. Haben sie sich dann für etwas entschieden, dann machen sie innerlich mit ihrer Ambivalenz weiter: »Wäre es nicht doch besser gewesen, wenn …« Auf diese Weise zerstören sie sich systematisch jede Spontaneität und Arbeitsfreude. Deshalb ist es besser, sich innerlich für eine Sache zu entscheiden und dann jeden weiteren inneren Dialog zu beenden. Das zweite ist, dass man sich vornimmt, die Sache, für die man sich nun entschieden hat, so gut und ganz wie möglich zu tun. Wir können uns dabei zum Beispiel vorstellen, dass unsere momentane Aufgabe eine Lieblingsbeschäftigung von uns ist oder das Wichtigste darstellt, was wir jemals gemacht haben. Dieser Trick des »Tun-als-ob« wird uns noch einmal im Kapitel über die sanfte Kunst der Umdeutung begegnen (S. 81).

Einige Leser werden jetzt vermutlich kritisch einwenden: »Ich kann doch nicht einfach so tun, als würde mich eine langweilige Sache interessieren. Da mache ich mir doch nur etwas vor. Auf diese Weise verdränge ich die Realität, wie sie tatsächlich ist!« Aber wie ist die »Realität« wirklich? Wieso ist für einen etwas schön, was für den anderen hässlich ist? Wir werden später noch besprechen, dass unser Wirklichkeitserleben in hohem Grade ein Produkt unserer inneren Einstellung ist. Diese Einsicht ist die Grundlage aller Lebenskunst, in der es weniger um eine Veränderung der äußeren Welt geht als um eine Einstellungsveränderung zu ihr.

Stellen wir uns vor, wir hätten das Entleeren unseres Mülleimers zu unserer Lieblingsbeschäftigung auserkoren. Sogleich würden wir viel sorgfältiger und liebevoller mit ihm umgehen. Wir würden vielleicht Einzelheiten an dem Eimer wahrnehmen, die wir noch niemals zuvor bemerkt haben: vielleicht seine Farbe, seine besondere Deckelöffnungskonstruktion, den Inhalt, den Geruch. Dieses neue Wahrnehmen einer altbekannten Sache würde zu neuen Gedankengängen, Phantasien und Einfällen führen, die wir vorher noch niemals hatten. Wir würden vielleicht über Möglichkeiten der Müllverwertung nachdenken, uns für die Funktion eines Müllautos interessieren und uns mit der Tätigkeit der Müllmänner beschäftigen. Vielleicht würden wir sogar in Anbetracht des Mülls über die Wandlungen und die Vergänglichkeit des Lebens philosophieren und entdecken, dass uns der Müll alle wesentlichen Geheimnisse des Lebens offenbart …

Für solche Übungen braucht man allerdings etwas Experimentierfreude, Lockerheit und Humor, damit sie nicht zu anstrengend sind und Spaß machen. Wir müssen uns zugestehen können, dass wir nur so tun als ob. Wir werden dann aber auch entdecken, dass unsere Handlungen, wenn wir uns nur ganz auf sie einlassen, viele neue Aspekte und Möglichkeiten offenbaren, die uns vorher verborgen geblieben sind, so dass wir auf diese Weise auch Ansätze finden, unsere Einstellung zur Sache oder die Sache selbst zu verändern. Das Annehmen und Einlassen ist die Voraussetzung zur kreativen Wandlung. So sind es diese drei Dinge, die wir als erstes von unserem Schneiderlein lernen: unsere Mitte zu bewahren, das, was wir jeweils tun, so gut wie möglich zu tun, und beides durch Lust und Humor miteinander zu verbinden.

Schneider machen Leute

Nachdem wir eben einige lebenskünstlerische Eigenschaften des Schneiderleins kennen gelernt haben, wollen wir uns noch kurz überlegen, was sich denn für unser Thema Wichtiges aus seinem Beruf herausfinden lässt.

Wir hörten ja bereits, dass man dem Schneider früher körperliche Schwächlichkeit und Schmächtigkeit zuschrieb. Daraus lässt sich seine Berufswahl erklären, denn das Schneiderhandwerk erfordert keine großen Körperkräfte. Aber es gibt noch einen anderen wichtigen Zusammenhang zwischen seiner Persönlichkeitsstruktur und seiner Berufswahl. Die Kunst des Schneiders liegt darin, aus seinen Kunden mit Hilfe der von ihm gefertigten Kleidungsstücke »Leute« zu machen. Er vermag einen einfachen Mann in einen noblen Herrn, eine Frau in eine Dame, einen Dicken in einen imposanten Stattlichen, einen Dünnen in einen Athleten und einen Gauner in einen Gentleman mit weißer Weste zu verwandeln. Er beherrscht die Kunst des trügerischen schönen Scheins, die Kunst der Maskerade und der Fassade.

Eine »gut sitzende« Persona – in der Analytischen Psychologie wird die Maske, die wir tragen, um nach außen hin einen bestimmten Eindruck zu erwecken, und werden die Rollen, die wir übernehmen, um eine soziale Funktion zu erfüllen, als »Persona« bezeichnet – ist für unsere seelische Gesundheit und für das reibungslose Funktionieren gesellschaftlicher Beziehungen ebenso notwendig wie gute Kleidung für unsere körperliche Gesundheit. Niemand kann in unseren gesellschaftlichen Breiten dauernd ohne Persona, also nackt, herumlaufen, ohne gesundheitliche Schäden und soziale Störungen zu verursachen.

Problematisch aber wird es, wenn wir uns mit unserer Persona identifizieren, also ganz mit unserer Maske verschmelzen und völlig in unserer sozialen Rolle aufgehen, weil dabei unsere individuelle Persönlichkeit erstickt. Masken und Rollen haben immer etwas Kollektives – schließlich dienen sie ja unserer kollektiven Anpassung –, etwas Starres und Festgelegtes, so dass sie, wenn sie zu fest sitzen, Wachstum und Wandlung des Menschen einengen oder ganz verhindern, was gleichbedeutend mit seelischem Tod wäre. Ein Lehrer, der mit seinem Notenbuch, ein Pfarrer, der mit seinem Talar, und ein Psychotherapeut, der mit seinem Sessel verwachsen ist, kann keine große Hilfe für seine Mitmenschen sein, weil es zu keiner wirklichen Begegnung mehr kommt. Ebensogut, wenn nicht sogar besser – wegen größerer Datenverfügbarkeit –, könnte seine Funktion auch von einem gut programmierten Computer übernommen werden.

Je mehr die Persona, also das, als was wir nach außen hin erscheinen wollen, sich von dem unterscheidet, was wir wirklich sind, umso mehr steigen unsere Unsicherheit und Angst. Deshalb haben solche Menschen häufig eine hintergründige Furcht, sie könnten irgendwie »erwischt« oder »entlarvt« werden. Diese Furcht ist sehr verständlich, spüren sie doch halb bewusst, dass zwischen ihrem meist hohen äußeren Anspruch und ihrer inneren Wirklichkeit eine große Diskrepanz besteht. Sie fürchten, dass sie, wenn sie die Maske fallen ließen, nicht mehr geliebt und akzeptiert würden. Dies kann zu einem schwer zu durchbrechenden Teufelskreis führen: Weil man sich als schwach, unsicher und verletzlich erlebt, versteckt man sich hinter einer starken, großartigen Fassade. Diese aber wiederum verstärkt die Unsicherheit, so dass man glaubt, seine Fassade weiter ausbauen zu müssen. Besitztümer und Luxusgüter, Status- und Prestigesymbole wie

Haus, Auto, aufwendige Urlaubsreisen, Schmuck, Geld und teure Kleidung, Titel, Orden, Ämter und Würden können dazu verwendet werden.[7]

Nicht zufällig also haben die Märchen-Schneider, die als klein und schwächlich beschrieben werden, gerade diesen Beruf gewählt, der ihnen und anderen dazu verhelfen kann, tüchtig aufzuschneiden, und nicht zufällig neigen sie häufig dazu, mehr scheinen zu wollen, als sie sind. Manchem Schneider im Märchen ist seine Prahlerei schlecht bekommen. Auch unser tapferes Schneiderlein gerät in manch schwierige und bedrohliche Lage, weil es den Mund zu voll nimmt.

Dennoch aber unterscheidet es sich von seinen Kollegen insofern, als es tatsächlich beachtenswerte und nicht nur eingebildete Fähigkeiten besitzt und sich auch nicht, wie wir noch sehen werden, völlig mit seiner Wichtigtuer-Persona identifiziert, sondern meist ganz gut spürt, wo seine wirklichen Stärken und Schwächen liegen.

In mancher Hinsicht lassen sich die lebenskünstlerischen Fähigkeiten des Schneiderleins aus seinem Beruf ableiten. Da es tagaus, tagein damit beschäftigt ist, Menschen dazu zu verhelfen, einen guten äußeren Eindruck zu machen, indem es Einseitigkeiten ausgleicht, Mängel korrigiert, Schwächen überdeckt und Stärken hervorhebt, wird es ein Menschenkenner. Es weiß von ihren Ängsten, Befürchtungen, Kleinlichkeiten und Eitelkeiten, es lernt hinter ihre Fassaden zu schauen und ihre wahren Beweggründe zu erkennen. Später ist es deshalb fähig, in so souveräner Weise mit den Riesen, dem Einhorn und dem Wildschwein umzugehen, weil es deren Schwächen kennt und ausnutzt. Es ist mit den Prinzipien der Täuschung und Selbsttäuschung vertraut, so dass ihm andere wenig vormachen können, es wenig manipulierbar ist und ein hohes Maß an Autonomie besitzt. Sein Beruf macht es diplomatisch, anpassungsfähig, einfühlsam, aber natürlich auch berechnend und hinterlistig. Weil es beide

Seiten der menschlichen Natur sieht, die helle und die dunkle, und sich selbst aus dieser tragikomischen Gegensätzlichkeit gar nicht überheblich herausnimmt, sondern voll mitspielt, verfügt es über Toleranz, Menschenfreundlichkeit und Humor. Schließlich, und auch das lehrt es sein Beruf, vermag es sich jeweils für den schöneren und freudvolleren Aspekt des Lebens zu entscheiden und ihn zu kultivieren, ohne die Relativität des Daseins aus dem Auge zu verlieren.

Das verführerische Mus

Du kam eine Bauersfrau die Straße herab und rief: »Gut Mus feil! Gut Mus feil!« Das klang dem Schneiderlein lieblich in die Ohren, er steckte sein zartes Haupt zum Fenster hinaus und rief: »Hier herauf, liebe Frau, hier wird sie ihre Ware los.« Die Frau stieg die drei Treppen mit ihrem schweren Korbe zu dem Schneider herauf und musste die Töpfe sämtlich vor ihm auspacken. Er besah sie alle, hob sie in die Höhe, hielt die Nase dran und sagte endlich: »Das Mus scheint mir gut, wieg sie mir doch vier Lot ab, liebe Frau; wenn's auch ein Viertelpfund ist, kommt es mir nicht drauf an.« Die Frau, welche gehofft hatte, einen guten Absatz zu finden, gab ihm, was er verlangte, ging aber ganz ärgerlich und brummig fort.

Diese Szene könnte einem Lehrbuch für Selbstsicherheit entnommen sein. In solchen Büchern kann man etwa folgende Aufgabe finden: »Gehen Sie in ein Geschäft und fragen Sie nach einem bestimmten Gegenstand. Lassen Sie sich diesen Gegenstand vorlegen, erkundigen Sie sich nach entsprechenden Einzelheiten, danken Sie dem Verkäufer für seine Hilfe und verlassen Sie das Geschäft, ohne den Gegenstand gekauft zu haben.«

Eine solche Übung ist für Menschen gedacht, die schlecht etwas für sich selbst fordern können, nicht wagen, »Nein« zu sagen, und immer glauben, sie müssten mehr geben, als sie bekommen. Das Schneiderlein hat damit offenbar keine Schwierigkeiten. Es gehört schon eine Menge Selbstsicherheit – und ich finde, auch eine gute Portion Unverschämtheit – dazu, jemanden mit großer Geste »Hier wird sie ihre Ware los« zu sich heraufzurufen, pedantisch alle Töpfe zu inspizieren, an ihnen zu riechen und schließlich nur eine winzige Menge zu kaufen.

Vermutlich wäre das Schneiderlein aber sehr erstaunt gewesen, hätte man es irgendeiner unfreundlichen Unverschämtheit bezichtigt. Der Schneider galt früher als arm. Er hatte meist Schwierigkeiten, seine Rechnungen einzutreiben, er wurde oft abgewiesen und dazu noch verspottet. So waren die wenigen Gramm Mus für unser Schneiderlein vielleicht sogar ein Luxus, so dass es für das sorgfältige Untersuchen der Mus-Qualität ausreichend Recht hätte beanspruchen können.

Die meisten von uns haben ein sehr feines Gespür dafür entwickelt, wann Leistung und Gegenleistung sich in ausgewogenem Zustand befinden. Wir haben von früh auf gelernt, dass es für unsere sozialen Beziehungen gut ist, etwas zu geben, wenn wir etwas genommen haben, und auch etwas anzunehmen, wenn wir etwas gegeben haben. Leider hat sich durch eine einseitige Interpretation der christlichen Aufforderung zur Nächstenliebe dieses sehr gesunde Ausgleichsprinzip zu unseren Ungunsten verschoben. Wir stehen unter dem Druck, dem anderen stehe mehr zu als uns selbst, und verraten damit ständig unsere eigenen Bedürfnisse. Das führt dazu, dass wir einerseits meinen, überall großzügig bis zur Selbstaufopferung sein zu sollen, andererseits aber Geschenke, Komplimente und Freundlichkeiten gar nicht mehr annehmen können, weil wir in ihnen bereits Manipulationsversuche wittern. Weil wir selbst nicht mehr frei von Herzen schenken können, vermuten wir das gleiche beim anderen. Auch führt das damit verbundene Gefühl, in sozialen Beziehungen immer wieder zu kurz gekommen zu sein oder von anderen nur ausgenutzt zu werden, sehr häufig zu seelischen Störungen, wie zum Beispiel

Depressionen und Sucht. Schließlich zerstört diese einseitige Gebe-Haltung unsere Fähigkeit, unsere Mitmenschen zu lieben.

Lieben lernen beginnt mit der keineswegs einfachen Aufgabe, sich selbst zu lieben. Nimmt man sich zutiefst selbst liebend an – was keineswegs zu einem unsozialen Egoismus führt, dahinter steht eher eine Eigendestruktion –, braucht man sich um Nächstenliebe nicht zu bemühen. Sie entsteht von allein.

In unseren heimlichen Manipulationen, wie sie nicht nur von Politikern, Werbeleuten und Verkäufern, sondern tagtäglich auch von uns selbst eingesetzt werden, nutzen wir das Verpflichtungsgefühl häufig geschickt aus. Der Trick besteht darin, dass wir jemandem eine Freundlichkeit erweisen, um die er uns vielleicht gar nicht gebeten hat, und ihn damit unter Druck setzen, uns eine erhoffte Gegenleistung nicht auszuschlagen. So machen es Eltern mit ihren Kindern – im Extremfall: »Ich habe mein Leben für dich aufgeopfert, und nun bist du so undankbar« –, Kinder mit ihren Eltern, Partner miteinander, Verkäufer mit Käufern (Probeangebote, kostenlose Serviceleistungen).

Es ist für uns sehr schwierig, uns solchen Manipulationen zu entziehen, weil das Wiedergutmachungs- und Verpflichtungsgefühl so tief in uns verankert ist. Es gehört ziemlich viel Mut dazu, in solchen Fällen ein entschiedenes »Nein« zu sagen, weil wir damit riskieren, als unhöflich, undankbar und egoistisch abgestempelt zu werden. – Eine ähnliche Manipulationsweise, die häufig in Verbindung mit der beschriebenen auftritt, ist der unterschwellige Appell an unser menschliches Verantwortungsbewusstsein. Es wird uns vermittelt, dass wir unsoziale, hartherzige Menschen sind, wenn wir nicht auf das Manipulationsangebot eingehen. Gerade soziale und auch kirchliche Institutionen (Kollekte, Sammlungen, die möglichst von Kindern durchgeführt werden) arbeiten mit diesem Trick.

Einmal passierte mir folgendes: Es klingelt an der Haustür, und eine reizende junge Dame, die mir gleich recht sympathisch ist, kommt die Treppe heraufgesprungen. Sie lächelt mich ruhig, offen und herzlich an, reicht mir die Hand zur Begrüßung (diese Hexe!) und sagt: »Grüß Gott. Sie sind Dr. Müller?« – »Ja.« – »Ich freue mich, Sie kennenzulernen!« – »Hmm.« – »Sie mögen doch junge Menschen?« – »Ja, wieso?« – »Sie wissen doch, dass viele Jugendliche heute in einer schwierigen Situation sind, weil sie keine Arbeit finden können.« – »Ja, und?« (Spätestens hier fühlte ich mich unwohl, weil ich spürte, dass ich unter Druck gesetzt werden sollte.) – »Viele haben einen guten Schulabschluss und möchten gerne arbeiten, finden aber einfach nichts. Das ist doch schlimm, nicht wahr?« – »Ja, aber warum fragen Sie mich das?« – »Mir und meinen Freunden geht es auch so. Wir sind darauf angewiesen, etwas Geld zu verdienen, und bieten Zeitungsabonnements an. Wir wissen, dass viele Leute etwas gegen Zeitungswerber haben, weil die manchmal mit unehrlichen Tricks arbeiten. Aber ich mache Ihnen da nichts vor: Natürlich, wir wollen etwas Geld verdienen. Wir haben einfach nichts Besseres gefunden als diesen Job, der verdammt schwer ist, weil die meisten Menschen Vorurteile gegen uns haben. Sie könnten uns ein wenig helfen, wenn Sie bei mir ein Jahresabonnement der Zeitschrift bestellen würden, die Sie ohnehin lesen. Das ist für Sie kaum mit Mehrkosten verbunden, da Sie sich die Zeitschrift ja ohnehin regelmäßig kaufen; Sie würden sich den Gang zum Kiosk sparen, und mir wäre auch ein wenig geholfen. Welche Zeitschrift lesen Sie denn regelmäßig?« Es folgt eine Aufzählung gängiger Zeitschriften. Dann schaut sie mich, weiterhin freundlich lächelnd, erwartungsvoll an, lässt mir aber nur kurze Zeit zum Nachdenken, indem sie ihr Auftragsbüchlein öffnet.

Das hatte sie nicht schlecht gemacht, das muss ich sagen. Sie hatte alle Register ihrer manipulativen Kunst gezogen. Sie hatte mit ihrer freundlichen, offenen Art und ihrem Händedruck eine fast private Atmosphäre erzeugt (wer kann schon einem Bekannten oder Freund etwas abschlagen?), sie hatte mir dadurch geschmeichelt, dass sie meinen Namen und Titel nannte und dass sie so getan hatte, als freue sie sich, mich kennen zu lernen (sie hatte mir Freundlichkeit gegeben, jetzt stand ich unter dem Druck, ihr wieder etwas zurückzugeben), sie hatte ihre Fragen so gestellt, dass ich ihr zustimmte (wenn man mehrmals »Ja« gesagt hat, ist es später viel schwieriger, »Nein« zu sagen, weil man nicht inkonsequent sein will), sie hatte an mein soziales Mitgefühl Jugendlichen gegenüber appelliert, mir durch ihre Ehrlichkeit vorbeugend den Wind aus den Segeln genommen (so dass ich ihr kein unlauteres Manipulationsmanöver vorwerfen konnte), und sie hatte mir eine verstandesmäßige Erklärung gegeben, gegen die nicht allzuviel einzuwenden ist. (Ich habe bereits einige Zeitschriftenabonnements, hätte auch durchaus noch eine Fernsehzeitschrift abonnieren können.) Die Sache ging folgendermaßen weiter:

Ich spüre einen starken Ärger in mir, weil meine Offenheit und Bereitschaft, ihrem Anliegen zu folgen, von ihr so hinterlistig ausgenutzt worden ist. Ich fühle mich unwohl, weil mir in dieser Drucksituation kein passendes Argument einfällt, um sie loszuwerden. Glücklicherweise fällt mir ein Trick ein, den Smith[8] als »Schallplatte mit Sprung« bezeichnet. Bei diesem Trick beharrt man ständig auf seinem Argument, ohne auf die Argumente des Gegners näher einzugehen oder das eigene Argument näher zu begründen. Ich sage etwas leise, weil es mir wirklich schwerfällt, ihre Bitte abzuschlagen: »Nein, ich möchte kein Abonnement.« – »Aber so ein Abonnement können Sie sich doch bestimmt leisten (Hinterfragung meiner finanziellen Potenz), außerdem haben Sie doch keine Nachteile davon. Bitte überlegen Sie sich das doch noch einmal, Sie würden mir damit wirklich helfen.« – »Nein, ich möchte kein Abonnement.« – Nun schaut sie etwas traurig, mit einer Spur Resignation im

Blick (Appell an mein Mitgefühl): »Ich dachte, Sie hätten für Jugendliche etwas übrig und könnten meine Lage verstehen.« – »Ich habe Verständnis für Sie, aber ich möchte kein Abonnement.« – »Warum denn nicht?« – »Ich will kein Abonnement. Ich bin Ihnen keine Rechtfertigung schuldig.« Dann versuche ich, ihr entschlossen in die Augen zu schauen. Sie nickt langsam, senkt ihren Kopf ein wenig, so, als wolle sie sagen: »Ich bin traurig, dass Sie so hartherzig sind. Ich bin enttäuscht von Ihnen.« Dann aber rächt sie sich, weil sie bei mir nicht weitergekommen ist. Sie schaut mich jetzt mit verächtlichem Blick an und sagt, bevor sie geht: »Das hätte ich mir ja fast denken können!«

Zum Schluss hatte sie mir also noch eins ausgewischt. Was hatte sie damit gemeint, als sie sagte, dass sie sich das ja fast hätte denken können? Dass finanziell besser gestellte Menschen unsozial und geizig sind? Dass ich so, wie ich aussehe, sowieso keine Großzügigkeit hätte erwarten lassen? Dieser letzte Satz von ihr ließ Raum für alle möglichen Vermutungen, die aus meinem Schuldgefühl stammten. Es dauerte noch eine ganze Weile, bis ich aufhören konnte, mich mit dieser Sache innerlich weiter zu beschäftigen, und bis mir klar wurde, dass das Ganze ein besonders raffiniertes Manipulationsmanöver gewesen war.

Der Handel des tapferen Schneiders mit der Bauersfrau erinnerte mich an mein Erlebnis. Er geht allerdings wesentlich sicherer und souveräner damit um als ich. Man hätte vermuten können, dass er, nachdem er die Bauersfrau die drei Treppen »mit ihrem schweren Korbe« heraufbeordert hat, nun unter dem Druck steht, eine dieser Leistung der Bauersfrau entsprechende Kaufgegenleistung zu erbringen. Aber er nimmt nur so viel, wie er gerade benötigt, und verschwendet keine weiteren Gedanken daran, ob die Bauersfrau mit ihrem Geschäft nun zufrieden ist oder nicht. Wie es typisch für ihn ist, lässt er sich nicht unter irgendeinen moralischen Druck setzen.

Daraus lässt sich für die Lebenskunst folgendes ableiten: Wenn wir innerlich frei sein wollen, unser Leben so zu gestalten, wie es unserem Wesen entspricht, und wenn wir den verschiedenen Manipulationen und Fremdeinflüssen, die auf uns ständig ausgeübt werden, entgehen wollen, dann müssen wir zuerst wissen, was wir wollen und uns dafür entscheiden. Jemand, der weiß, was er will und was er nicht will, ist schwer zu manipulieren. Das nächste ist, dass man die Mechanismen der Manipulation zu durchschauen versucht. Manipulationen verlieren ihre Wirkung, wenn man sie kennt. Wie wir aus dem Märchen wissen, ist das tapfere Schneiderlein selbst ein Meister der List, der Täuschung und der Manipulation und kann von daher selbst nicht so leicht manipuliert werden. Um ein Kenner der Manipulationstechniken zu werden, genügt es fast schon, wenn man ehrlich und selbstkritisch seine eigenen Tricks und Manöver beobachtet, die man täglich einsetzt, um bei seinen Mitmenschen die verschiedenen Ziele zu erreichen. Es genügt, wenn man sich mit seinem eigenen inneren tricksenden Schneiderlein vertraut macht, das jeder von uns besitzt, denn wir alle haben ein ziemlich deutliches Gefühl dafür, wann wir mit Tricks arbeiten, um uns Vorteile zu verschaffen. – Und schließlich sollten wir auf unsere Gefühle achten und sie ernst nehmen. Wenn wir uns bei irgendwelchen Interaktionen verwirrt oder unwohl fühlen, ist es gut, zu diesem Gefühl zu stehen, auch wenn es uns unlogisch und inkonsequent erscheint. Man kann dann versuchen, emotionale Distanz zu bekommen, indem man eine Überlegungspause fordert oder alles überschläft. Wir sollten Mut haben, auszusprechen, wenn wir uns manipuliert fühlen, und uns zu keiner Entscheidung drängen lassen, die wir nicht überschauen können.

Die Episode mit der Bauersfrau hat noch einen anderen wichtigen Aspekt. Es wäre ja denkbar gewesen, dass das Schneiderlein entweder aus dem besprochenen Verpflichtungsdruck heraus oder vielleicht, weil es Mus besonders gern mag, sich einen ganzen Topf Mus gekauft hätte. So geht es uns ja auch. Wir lassen uns gerne zum Kauf einer Sache verleiten, die uns als günstige Gelegenheit, als Sonderangebot, einmalige Aktion oder sonstwie schwer erhältlich angeboten wird. Wir möchten so etwas nicht verpassen. Auch haben wir ein starkes Bedürfnis nach sicherer Verfügbarkeit und wichtig erscheinender Güter, so dass wir dazu neigen, uns einen Vorrat davon anzulegen. Problematisch wird dies dann, wenn wir uns aufgrund dieses Sicherheitsbedürfnisses in Verpflichtungen und Abhängigkeiten hineinbinden lassen, die unser Leben zu sehr festlegen und keine Veränderung mehr zulassen. Es muss sich dabei keineswegs nur um materielle Güter handeln, es können genauso gut Auffassungen und Einstellungen sein, die wir aus Sicherheitsgründen angenommen haben und von denen wir uns nicht mehr trennen können, weil wir zu viel in sie investiert haben. So werden viele Menschen zu Sklaven ihrer materiellen und geistigen Besitztümer. Sie besitzen sie nicht, sondern werden von ihnen besessen. Die Bauersfrau mit ihrem süßen Mus können wir deshalb auch als eine Repräsentantin jener Seite in uns ansehen, die uns mit Hilfe unseres Absicherungsbedürfnisses dazu verführt, uns abhängiger zu machen, als es für uns gut ist. Das Märchen von Hänsel und Gretel, der Hexe und dem Knusperhäuschen, das dieses Problem eindringlich darstellt, ist deshalb nicht nur für Kinder und Menschen gültig, die sich aus dem Bann ihres Mutterkomplexes befreien müssen, sondern für uns alle, die wir allzu leicht bereit sind, uns für das süße Mus der verwöhnenden Sicherheit und Bequemlichkeit in ein Abhängigkeitsgefängnis stecken zu lassen.

Das tapfere Schneiderlein ist dieser Gefahr nicht erlegen. Es hat sich keinen Vorrat an Mus angelegt und sich so seine Flexibilität bewahrt. Lebenskunst ist die Kunst, sich nur auf die wesentlichen und notwendigen Abhängigkeiten des Lebens zu beschränken. Diese Beschränkung hat nichts mit einem körper-, trieb- und lustfeindlichen Asketismus zu tun, wie wir häufig befürchten, wenn von Beschränkung anderswo die Rede ist. Eine Blume, die uns erfreut, muss nicht gleich gepflückt werden; ein Mensch, der uns gefällt, muss nicht gleich besessen werden; eine Begegnung, die uns beglückt, muss nicht gleich wiederholt oder festgehalten werden. Das Schneiderlein ist durchaus in der Lage zu genießen: Es hat sich die beste Mus-Qualität ausgewählt und hebt sich, wie wir aus dem Märchen wissen, seinen Leckerbissen für den Zeitpunkt auf, wo es seine Arbeit fertiggestellt hat, um ihn dann mit noch größerem Genuss verspeisen zu können. Die Beschränkung, die ja bekanntlich den Meister auszeichnet, ist keine Einschränkung, sondern eine Vertiefung und Intensivierung der Lebensfreude und Lebensqualität.

Die große Erfahrung und der Gürtel der Macht

Die Fliegen aber, die kein Deutsch verstanden, ließen sich nicht abweisen, sondern kamen in immer größerer Gesellschaft wieder. Da lief dem Schneiderlein endlich, wie man sagt, die Laus über die Leber, es langte aus seiner Hölle nach einem Tuchlappen, und »wart, ich will es euch geben!« schlug es unbarmherzig drauf. Als es abzog und zählte, so lagen nicht weniger als sieben vor ihm tot und streckten die Beine. »Bist du so ein Kerl?«, sprach es und musste selbst seine Tapferkeit bewundern, »das soll die ganze Stadt erfahren.« Und in der Hast schnitt sich das Schneiderlein einen Gürtel, nähte ihn und stickte mit großen Buchstaben darauf: Siebene auf einen Streich! – »Ei was, Stadt!«, sprach er weiter, »die ganze Welt soll's erfahren!«, und sein Herz wackelte ihm vor Freude wie ein Lämmerschwänzchen.

In dieser Szene macht unser Schneiderlein eine Erfahrung, die sein weiteres Leben tiefgreifend verändern wird. Es wird sich wortwörtlich mit einem Schlage bewusst, dass es zu mehr fähig ist, als es bisher dachte. Der Anlass dafür erscheint uns lächerlich genug. Da erschlägt einer sieben Fliegen und bildet sich ein, das sei eine ungeheure Heldentat. Aber große Entdeckungen werden häufig durch einen scheinbar unbedeutenden Anlass ausgelöst. Da sitzt einer in der Badewanne und entdeckt das wichtige Gesetz der Wasserverdrängung; da beobachtet einer, wie ein Apfel vom Baume fällt, und entdeckt die Gravitation; da zerbricht einem der mit Wasser gefüllte Holzeimer, und er wird erleuchtet. Häufig stehen die äußeren Anlässe mit der durchbrechenden inneren Erfahrung in einem Sinnzusammenhang. Bei unserem Schneiderlein scheint es nicht zufällig zu sein, dass es gerade *sieben* Fliegen sind. Die Zahl Sieben ist seit jeher eine ganzheitliche, magische Zahl. In den verschiedensten Kulturen tritt sie als Zahl der Vollständigkeit und Totalität auf. Wir kennen die sieben Planeten des Altertums, die sieben biblischen Schöpfungstage, die sieben Wochentage, die sieben Farben des Lichtspektrums, die sieben Töne, die sieben Sakramente, die sieben Tugenden, die sieben Todsünden. Die Redensart: »Er ist siebengescheit« oder »Er ist ein Siebenkünstler«, die sich ursprünglich auf das Studium der sieben Künste bezieht[9], meint, dass sich jemand für besonders gescheit hält oder tatsächlich auch mehr versteht als andere. Wenn einem also etwas gelingt, das sieben Elemente umfasst, dann ist das eine umfassende Tat. Diese kleine ganzheitliche Tat ist für unser Schneiderlein offenbar ausreichend, um in ihm die Phantasie einer großen ganzheitlichen Tat anzuregen. Aber natürlich verkennt es hier die Realität, denn sieben Fliegen auf einmal zu erschlagen ist keine Heldentat. Offenbar hatte das Schneiderlein bisher nie recht Gelegenheit, sich mit anderen Menschen körperlich zu messen. Vermutlich wird es bei seiner schwächlichen und zarten Konstitution solchen Kräftevergleichen auch aus dem Wege gegangen sein, um sich die Erfahrung zu ersparen, den Kürzeren zu ziehen. Deshalb ist seine Einschätzung von Stärke und Schwäche unrealistisch geblieben. Aber für die Wirksamkeit solcher Größenerfahrungen ist es unerheblich, ob sie realistisch sind oder nicht. Es kommt bei ihnen nicht darauf an, wie sie objektiv gesehen wirklich sind, sondern wie sie von der betreffenden Person erlebt werden. Darin liegen ja auch ihre großen Gefahren, die wir später besprechen werden. Hier wollen wir uns zunächst mit den positiven Aspekten von Größenphantasien beschäftigen.

Den meisten Menschen in unserer Gesellschaft wird vom Säuglingsalter bis zum Erwachsensein ständig vermittelt, dass sie so, wie sie sind, nicht in Ordnung sind. Als Kinder werden wir von den Erwachsenen erst dann akzeptiert, wenn wir uns ihren Vorstellungen von dem, wie man als Mensch sein sollte, angepasst haben. Es wird uns immer wieder klargemacht, dass wir klein, schwach, hilflos und dumm sind, dass wir inkompetent dafür sind, was unsere Triebe, Gefühle, Phantasien und Gedanken angeht. Deshalb sollen wir uns von Erziehern, Lehrern, Fachleuten und anderen Autoritäten sagen lassen, wie wir das Leben zu erleben haben. Durch diesen manchmal sehr gewalttätigen, manchmal sehr subtilen Entmündigungsprozess werden wir schließlich zu den eingeschüchterten, unkreativen, lebensunfrohen und aggressiven Menschen, die wir sind. Die so in uns erzeugten Minderwertigkeits- und Ohnmachtsgefühle lenken in oft unheilvoller Weise unser Leben: sei es, dass wir weit unter unserem schöpferischen Potential ein ängstlich-depressives, ersatzsüchtiges, sinn-entleertes Second-hand-Dasein fristen, sei es, dass wir aus einer verzweifelten Überkompensation heraus Leistung, Größe, Geltung und Macht anstreben, die sich dann schließlich als ebenso sinnleere und selbstentfremdende Werte herausstellen. Alfred Adler hat diese Beziehung zwischen Minderwertigkeitserleben und Machtstreben ins Zentrum seiner Psychologie gerückt.

Gibt es denn nun Möglichkeiten, an unser verschüttetes und ungelebtes Lebenspotential wieder heranzukommen? Der unmittelbarste Zugang besteht darin, in sich hineinzuhorchen, immer wieder in sich hineinzuhorchen und alle Regungen, Gefühle und Phantasien wahrzunehmen, ohne sie zu bewerten. Das ist eine sehr einfache Methode, aber für uns doch sehr schwierig, weil wir uns nicht akzeptieren können, wie wir sind. Die wahrgenommenen Inhalte werden deshalb immer wieder interpretiert, umgedeutet oder weggeschoben, sie können nicht in Ruhe gelassen werden.

Hinzu kommt, dass die bisher aus unserem Leben ausgeschlossenen Seiten unserer Persönlichkeit sich häufig in einer Form zeigen, die zunächst fremd, unheimlich und angstmachend ist. Eben weil sie nicht gelebt worden sind, erscheinen sie verwildert, unberechenbar, chaotisch, sind aber auch voller Vitalität, Spontaneität und Begeisterungskraft. Sie können sich in allen möglichen körperlichen wie seelischen Krankheitssymptomen manifestieren, in Angstzuständen, Zwangsvorstellungen, Fehlleistungen und Missgeschicken, ja selbst in »perversen« Phantasien, kriminellen Handlungen und Alpträumen. – Wenn unser ungelebtes Leben derart massiv in unser Dasein einbricht, ist es natürlich schwer, wenn nicht gar unmöglich, es anzunehmen. Dann ist es gut, einen Menschen bei sich zu haben, der einem hilft, es nicht wieder zu verdrängen, sondern es ernsthaft anzuschauen, es als das verlorene, vielleicht schon lange totgeglaubte Kind liebevoll anzunehmen und es auf seinem weiteren Entwicklungsweg zu begleiten.

Manchmal muss man als Psychotherapeut zusammen mit seinem Klienten lange und geduldig suchen, bis sich das neue Leben, in welch verhüllter Gestalt auch immer, zeigt. Vielleicht gibt es irgendeinen kleinen Lichtblick in einem Traum, vielleicht irgendwo eine geheime Allmachtsphantasie. Viele müssen erst mühsam lernen, mit ihrem inneren Kind in Kontakt zu treten und zu jenem frühen Zustand zurückzukehren, in dem sie noch in der Lage waren, Großes von sich zu erträumen. Sie müssen dem inneren Kind gestatten, seine Phantasietätigkeit wieder aufzunehmen, auch wenn die Resultate dieser Tätigkeit nicht anders als peinlich, albern, unvernünftig oder schrecklich erscheinen. In jeder Kindheitsphantasie steckt ein Stück Kind und damit ein Stück neues Leben, und in jeder Größenphantasie steckt ein Stück Größe und damit ein Stück Hoffnung. Diese müssen entdeckt und verwirklicht werden, wenn das Leben wieder in Fluss kommen soll.

Deshalb können wir uns glücklich schätzen, wenn uns eine solche tiefgehende Erfahrung widerfährt wie dem Schneiderlein, auch wenn ihr Anlass noch so nichtig und ihr Inhalt noch so überzogen scheint. Entscheidend ist die schöpferische Wirkung, die von ihr ausgeht. Ihre belebende, begeisternde und energetisierende Kraft hängt damit zusammen, dass kurzfristig ein unmittelbarer Kontakt zur eigenen Wesensmitte, zum schöpferischen Zentrum der Persönlichkeit, hergestellt wird. Die Folgen sind ähnlich wie bei unserem Schneider: Hunger und Arbeit sind vergessen, es ist so viel Energie frei geworden, dass er schier nicht weiß, wohin damit, und meint, aller Welt seine Entdeckung mitteilen zu müssen. Wer verstünde nicht, dass ihm sein Herz »wie ein Lämmerschwänzchen« wackelt.

Instinktiv tut er dann gleich etwas sehr Richtiges: Er fasst seine Erfahrung mit der Formel »Siebene auf einen Streich« zusammen und stickt diese mit großen Buchstaben auf einen hastig zurechtgeschneiderten Gürtel. Er gestaltet sich damit sein eigenes »Kraft-Symbol«, das nun in eigenartiger Weise – manchmal gefährdend, manchmal beschützend – sein weiteres Schicksal bestimmt. Bewusstseinsverändernde Erfahrungen, wie sie unserem Schneiderlein zugestoßen sind, haben zwar eine stark energetisierende und motivierende Wirkung, können aber nach einer bestimmten Zeit – besonders unter dem abstumpfenden Einfluss der Alltagsroutine – zunehmend verblassen. Deshalb ist es sinnvoll, sich ein Objekt zu schaffen, das die Essenz der Erfahrung oder Phantasie, die verwirklicht werden soll, symbolisch ausdrückt, so dass man sich an ihm immer wieder neu »aufladen« kann. Die meisten von uns kennen die Wirkung solcher »Kraft«-Objekte. Für den einen ist es ein starker, großer Traum, den er einmal hatte und der ihn immer wieder erneut mit Freude, Hoffnung und Mut erfüllt, so oft er an ihn denkt, für den anderen ist es ein bestimmtes Musikstück, ein Vers, ein Bild, ein kleiner Gegenstand oder eine vorbildliche Persönlichkeit.

Denken wir auch an die Souvenirs, die uns an schöne Urlaubstage erinnern sollen. Alles kann zu solchen »Kraft«-Objekten verwendet werden. Sie können gemalt, getöpfert, gedichtet, geschrieben, getanzt und geschneidert sein. Das tapfere Schneiderlein hat sich einen Gürtel hergestellt, was sehr naheliegend ist, da der Gürtel (des Mannes) seit alters aufgrund seiner kreisförmig geschlossenen Form und seiner befestigenden Funktion ein Symbol der Kraft, der Macht und Herrschaft ist. Ein Gürtel kann seinen Träger beschützen und ihn mit magischen Fähigkeiten ausstatten. So besaß der altgermanische Gott Thor einen Kraftgürtel, der seine Kraft verdoppelte, und der Zwergenkönig Laurin gewann durch einen Gürtel die Stärke von zwölf Männern.

Als ich vor ein paar Jahren die alte Cowboy-Stadt Virginia-City besuchte, konnte ich der Versuchung nicht widerstehen, mir einen alten Kindheitswunsch zu erfüllen und mir einen breiten Ledergürtel mit einer großen Adlerkopf-Schnalle aus Messing für meine Jeans zu kaufen. Jedesmal, wenn ich diesen Gürtel umschnalle – mit entschlossenen, markigen Bewegungen versteht sich – und ihn schließe, entfaltet er für eine Weile spürbar seine magische Wirkung. Meine Haltung strafft sich, die Schritte werden ausgreifender und entschiedener, die Hüften wiegender, der Blick fester. Das Bild des einsamen Cowboys und des sich für Recht und Ordnung einsetzenden Western-Helden steigt dann in mir auf und vermittelt mir einen Hauch heroischen Bewusstseins.

Nützlich kann es auch sein, das Ziel oder den Inhalt des Angestrebten in eine auf das Wesentliche konzentrierte Formel zu bringen. Das sogenannte Mentale Training, das in der Mittelstufe des Autogenen Trainings nach I. H. Schultz angewendet wird, bedient sich formelhafter Vorsatzbildungen in ganz ähnlicher Weise wie das tapfere Schneiderlein. Sie werden, nachdem sie zuvor im entspannten Zustand eingeübt worden sind, im Bedarfsfalle wiederholt gedacht –

wenn sie sich dann nicht schon automatisch einstellen –, um die Konzentration auf das geplante Vorhaben zu erhöhen und Störfaktoren zu vermindern. Auch das Schneiderlein wiederholt seine Formel: »Siebene auf einen Streich« im Verlauf des Märchens mehrmals, wahrscheinlich nicht nur, um die anderen zu beeindrucken, sondern auch, um sich selbst Mut zu machen.

Wenn wir das Gesagte im Hinblick auf die Lebenskunst zusammenfassen, dann kann dies so formuliert werden: Lebenskunst ist die Kunst, dem unbewussten Potential unseres Wesens gegenüber offen eingestellt zu sein, in welcher Form es auch erscheint. Es ist die Kunst, dieses Potential wahrzunehmen und einer Verwirklichung im Leben zuzuführen. Diese Verwirklichung kann unterstützt werden durch eine symbolhafte Gestaltung und formelhafte Verdichtung des inneren Zieles.[10]

Das neue Leben bricht sich aber nur in seltenen Fällen auf solch nachdrückliche Weise Bahn wie bei unserem Schneiderlein. Viel häufiger macht es sich in eher unscheinbaren oder negativ scheinenden Signalen bemerkbar, so dass es freundlicher Achtsamkeit bedarf, um es überhaupt erkennen zu können.

Freundliche Achtsamkeit meint, dass wir die Impulse unseres Wesens wohlgesonnen, nicht beurteilend und bewertend, sondern zunächst akzeptierend wahrnehmen. Jedesmal, wenn wir eine Gegebenheit oder uns selbst so annehmen können, wie sie unmittelbar ist, wenn wir uns auf sie einlassen können, ohne sie gleich zu interpretieren, und wenn wir uns ein wenig Zeit gönnen, um nachzuspüren, was wir eigentlich wirklich fühlen, denken oder wollen, haben wir eine Chance, dem neuen Leben in uns zu begegnen. Dazu bedarf es keiner Anstrengung, keiner meditativen oder konzentrativen Höchstleistungen, die für uns häufig nur eine weitere Möglichkeit darstellen, unserem unmittelbaren Sosein aus dem Wege zu gehen. Dazu bedarf es nicht viel mehr als der Ehrlichkeit und des Mutes, der inneren Wahrheit ins Auge zu schauen und zu ihr zu stehen, und des Vertrauens darauf, dass die Wirklichkeit unseres Wesens tatsächlich die einzige Wirklichkeit ist, aus der heraus wir ein schöpferisches und erfülltes Leben führen können.

Die seltsamen Wege der Intuition

Der Schneider band sich den Gürtel um den Leib und wollte in die Welt hinaus, weil er meinte, die Werkstätte sei zu klein für seine Tapferkeit. Eh er abzog, suchte er im Haus herum, ob nichts da wäre, was er mitnehmen könnte; er fand aber nichts als einen alten Käs, den steckte er ein. Vor dem Tore bemerkte er einen Vogel, der sich im Gesträuch gefangen hatte; der musste zu dem Käse in die Tasche. Nun nahm er den Weg tapfer zwischen die Beine, und weil er leicht und behend war, fühlte er keine Müdigkeit.

Wenn wir uns auf eine Reise in die weite Welt machen wollten, was würden wir wohl mitnehmen? Ausweis, Geld, Kleidung, Nahrung, Werkzeug und Fremdenführer? Vielleicht auch irgendwelche Fotos oder Erinnerungsstücke, die uns an die Heimat erinnern? Das erschiene uns doch wohl vernünftig und realistisch. Unser Schneiderlein verhält sich aber hier unerwartet anders. Es läuft durch das Haus und sucht herum, was es wohl mitnehmen könne. Es scheint keine praktischen Überlegungen anzustellen, sondern folgt irgendwelchen anderen Impulsen, die ihm gerade in den Sinn kommen. Schließlich kommt es auf den verrückten Einfall, einen feuchten, weichen Käs in die Tasche zu stecken und später gar noch einen Vogel dazuzutun. Aber wir kennen das ja auch von anderen Märchen, dass sich ein uns zunächst merkwürdig erscheinendes Verhalten später als sehr sinnvoll herausstellt. So auch hier. Wie wir in der nächsten Episode – der Begegnung mit dem Riesen – sehen werden, hat sich das Schneiderlein gerade solche Objekte ausgewählt, mit denen es den Härte- und Stärkeprinzipien des Riesen am besten begegnen kann. Offenbar ist seine vorausahnende Intuition in diesem Fall hilfreicher als unser realitätsangepasstes Denken.

Das Denken ermöglicht uns, die Dinge unserer Welt zu ordnen, zu verstehen und zu planen. Es verleiht uns dadurch Sicherheit und Orientierung. Da es aber, wie ein Computer, nur mit den ihm bereits bekannten Voraussetzungen arbeiten kann, kann es das Neue und Unbekannte häufig nicht erkennen. Es versucht, es auf das Altvertraute zu reduzieren. Reist man in ein fremdes Land und schleppt dabei innerlich ständig seine eigene Nationalität mit, kann man dessen Eigenart nicht wirklich erfassen. Man wird immer nur vergleichen und beispielsweise denken: »Hier ist es aber nicht so schön sauber wie bei uns«, oder: »Was die hier für einen primitiven Glauben haben«, oder: »Was die hier für ein ungenießbares Zeug essen.«

Die Intuition hingegen ist für das Neue, das Andere, das Mögliche und Zukünftige offen.

Lebenskunst haben wir definiert als die Suche nach einer Einstellung zum Leben, die ihm in seiner Ganzheit, Polarität und ständigen Bewegung am besten gerecht wird und die meiste Befriedigung verschafft. Wollen wir dem Leben, das ja in jedem Augenblick wieder neu und anders ist, offen und empfänglich begegnen, müssen wir uns immer wieder frei machen von alten Denkschemata. So lässt sich jeder neue Tag, jede neue Situation, jede neue Begegnung auffassen als eine Reise in ein fremdes Land, wo es gut ist, die alten Einstellungen und Gewohnheiten einmal loszulassen, damit Raum für das Neue ist.

Wir neigen dazu, im Loslassen hauptsächlich einen Verlust zu sehen, und halten deshalb am Alten verkrampft fest. Tatsächlich ist aber das Loslassen ein Gewinn, eine Erweiterung und Vertiefung der Lebensqualität, eine Befreiung zur Lebensfreude. Hierzu gibt es eine kleine Geschichte:

Ein Yogi sitzt irgendwo in einsamer Gegend, seine ununterbrochenen leidvollen Schreie sind weit zu hören. Er hält in seiner Hand eine Kugel mit spitzen Stacheln fest umklammert. Die Stacheln dringen tief in sein Fleisch. Er fragt einen vorbeikommenden Mann, wie er sich von seinem Leid befreien könne. Dieser zieht sich für lange Zeit in Meditation zurück und sagt ihm dann die Lösung: »Einfach loslassen!«

Loslassen lässt sich lernen. Versuchen Sie einmal, wenn Sie einer neuen, unvertrauten Situation gegenüberstehen, die üblichen Abwehrvorgänge (»Was ist denn das für ein Unsinn! Das ist nichts anderes als … Damit will ich nichts zu tun haben!«), den Ärger und die Angst loszulassen und statt dessen eine neugierige Haltung einzunehmen: »Was ist denn das? Das kenne ich ja noch gar nicht! Das interessiert mich! Das möchte ich besser verstehen lernen!« Wenn man das häufiger macht, kann sich daraus eine Art Neugier-Reflex entwickeln, wie ihn kleine Kinder noch haben. Was könnten wir alles in uns entdecken, wenn wir mit der gleichen neugierigen Einstellung unsere eigenen Phantasien, Gefühle und Intuitionen anschauen würden! Wir würden eine Wunderwelt mehr oder weniger schöpferischer Ideen, lustiger Einfälle, grausamer Gedanken, peinlicher Erkenntnisse und erleuchteter Weisheit entdecken. Dann kämen wir vielleicht tatsächlich einmal auf die verrückte Idee, auf eine Wanderung einen feuchten Käse mitzunehmen und einen Vogel in die Tasche zu stecken, weil es uns einfach weniger ausmachte, auch mal einen Vogel zu haben oder Käse zu machen.

Wer sein altes Denken loszulassen wagt und sich seiner Intuition gegenüber öffnet, muss immer das Risiko eingehen, dass das Resultat Unsinn ist. Manchmal findet man aber auf diese Weise eine wertvolle Erkenntnis, die niemals gefunden worden wäre, wenn man nicht den Unsinn riskiert hätte.

Auch erscheinen einem intuitive Weisheiten häufig zunächst wie Ungereimtheiten, deren Sinn man erst dann entdeckt, wenn man für sie reif geworden ist. So kann man also bei seinen Intuitionen nie sicher sein, ob sie sinnvoll oder unsinnig sind. – Eine sichere Intuition ist ein Widerspruch in sich selbst. Wenn man von Menschen sagt, dass sie eine sichere Intuition haben, verwechselt man häufig Intuition mit Erfahrung. Ein Arzt, der in kurzer Zeit und bei wenigen Anhaltspunkten in der Lage ist, eine treffsichere Diagnose zu stellen, bedient sich hierbei weniger seiner Intuition als seiner umfassenden Erfahrung mit Krankheitsbildern, die er im Laufe seiner Berufszeit gesammelt hat.

Wenn es auch nicht möglich ist, Intuition treffsicherer zu machen, so lässt sie sich doch insofern üben, als man sich für ihre Eingebungen empfänglich macht, das heißt ihnen gegenüber achtsamer wird. Das Schwierige dabei ist, dass schöpferische Einfälle nicht erzwungen werden können. Wie alles, was uns unbewusst ist, stoßen sie uns zu, wenn wir am wenigsten an sie denken; eine zu große Anstrengung verschließt die intuitiven Kanäle. Um sie offenzuhalten, bedarf es einer Art unscharfen Hinsehens oder Danebensehens, so dass einerseits ein Fokus vorhanden ist, auf den sich die Intuition beziehen kann, andererseits aber dieser Fokus durch das Licht der bewussten Absicht nicht zu sehr erhellt ist. Deshalb wirken intuitive Menschen oft etwas geistesabwesend, plan- und ziellos und irgendwie daneben, solange sie auf ihren Einfall warten. Auf ähnlich ungerichtet suchende Weise wird auch unser Schneiderlein vor seinem Aufbruch im Hause herumgelaufen sein, bis es endlich intuitiv wusste: Das ist es! und dann den Käse und später den Vogel einsteckte. Dadurch, dass es sich in seinem Verhalten nicht vorhersagbar festlegt, ist es frei, seinen spontanen Einfällen zu folgen und, wie wir auch im weiteren Verlauf des Märchens immer wieder sehen, die sich ihm bietenden Gelegenheiten bestmöglich zu nutzen.

Weicher Käs und harte Männer

Der Weg führte ihn auf einen Berg, und als er den höchsten Gipfel erreicht hatte, so saß da ein gewaltiger Riese und schaute sich ganz gemächlich um. Das Schneiderlein ging beherzt auf ihn zu, redete ihn an und sprach: »Guten Tag, Kamerad, gelt, du sitzest da und besiehst dir die weitläufige Welt? Ich bin eben auf dem Wege dahin und will mich versuchen. Hast du Lust mitzugehen?« Der Riese sah den Schneider verächtlich an und sprach: »Du Lump! Du miserabler Kerl!« – »Das wäre!«, antwortete das Schneiderlein, knöpfte den Rock auf und zeigte dem Riesen den Gürtel, »da kannst du lesen, was ich für ein Mann bin.« Der Riese las: »Siebene auf einen Streich«, meinte, das wären Menschen gewesen, die der Schneider erschlagen hatte, und kriegte ein wenig Respekt vor dem kleinen Kerl. Doch wollte er ihn erst prüfen, nahm einen Stein in die Hand und drückte ihn zusammen, dass das Wasser heraustropfte. »Das mach mir nach«, sprach der Riese, »wenn du Stärke hast.« – »Ist's weiter nichts?« sagte das Schneiderlein, »das ist bei unsereinem Spielwerk«, griff in die Tasche, holte den weichen Käs und drückte ihn, dass der Saft herauslief. »Gelt«, sprach er, »das war ein wenig besser?« Der Riese wusste nicht, was er sagen sollte, und konnte es von dem Männlein nicht glauben. Da hob der Riese einen Stein auf und warf ihn so hoch, dass man ihn mit Augen kaum noch sehen konnte: »Nun, du Erpelmännchen, das tu mir nach.« – »Gut geworfen«, sagte der Schneider, »aber der Stein hat auch wieder zur Erde herabfallen müssen; ich will dir einen werfen, der soll gar nicht wiederkommen«, griff in die Tasche, nahm den Vogel und warf ihn in die Luft. Der Vogel, froh über seine Freiheit, stieg auf, flog fort und kam nicht wieder. »Wie gefällt dir das Stückchen, Kamerad?« fragte der Schneider. »Werfen kannst da wohl«, sagte der Riese, »aber nun wollen wir sehen, ob du imstande bist, etwas Ordentliches zu tragen.« Er führte das Schneiderlein zu einem mächtigen Eichbaum, der da gefällt auf dem Boden lag, und sagte: »Wenn du stark genug bist, so hilf mir den Baum aus dem Walde heraustragen.« – »Gerne«, antwortete der kleine Mann, »nimm du nur den Stamm auf deine Schulter, ich will die Äste mit dem Gezweig aufheben und tragen, das ist doch das Schwerste.« Der Riese nahm den Stamm auf die Schulter, der Schneider aber setzte sich auf einen Ast, und der Riese, der sich nicht umsehen konnte, musste den ganzen Baum und das Schneiderlein noch obendrein forttragen. Es war da hinten ganz lustig und guter Dinge, pfiff das Liedchen »Es ritten drei Schneider zum Tore hinaus«, als wäre das Baumtragen ein Kinderspiel. Der Riese, nachdem er ein Stück Wegs die schwere Last fortgeschleppt hatte, konnte nicht weiter und rief: »Hör, ich muss den Baum fallen lassen.« Der Schneider sprang behendiglich herab, fasste den Baum mit beiden Armen, als wenn er ihn getragen hätte, und sprach zum Riesen: »Du bist ein so großer Kerl und kannst den Baum nicht einmal tragen.«

Kaum hat sich das Schneiderlein auf den Weg gemacht, um den Impulsen seines neu erwachten Selbstbewusstseins zu folgen, wird es schon mit dessen Schattenseiten und Problemen konfrontiert. Jeder Zuwachs an Bewusstheit und jede Lebenserweiterung birgt, besonders wenn sie so tiefgreifend ist wie bei unserem Schneiderlein, eine Menge Gefahren. Zunächst ist man begeistert und beglückt über die

Fülle der neuen Möglichkeiten, die sich nun bieten, man freut sich seiner erreichten Freiheit und Macht und glaubt tiefe Einsichten, vielleicht sogar endgültige Wahrheiten erlangt zu haben. Aber gerade jetzt ist höchste Vorsicht am Platze, denn der Zustand ist sehr labil. Er kann sehr leicht wieder verlorengehen oder sogar in sein Gegenteil umschlagen. Im Märchen wird vor allem die Gefahr des Größenwahns und des destruktiven Heldenbewusstseins thematisiert, wie sie dem Schneiderlein in Gestalt des Riesen mit seinen Kraftproben entgegentritt.

Größenwahn meint, dass wir uns bedeutender, mächtiger und größer vorkommen, als wir sind. Abgesehen davon, dass das ein Grundproblem der Menschheit und der Bewusstseinsentwicklung überhaupt ist, kennen wir alle solche Zustände, wo wir uns »riesig« fühlen und als »der Größte« vorkommen. Solche »Weltmeistergefühle« haben wir häufig dann, wenn wir erfolgreich sind, bewundert werden oder eine wichtige Erkenntnis gewonnen haben. Wir sind dann erfüllt von Glück, Euphorie und Kraft. Problematisch werden solche Zustände erst dann, wenn wir uns mit ihnen und den sie begleitenden Ideen so identifizieren, dass wir uns und ihre Realisierungsmöglichkeiten überschätzen. Aufgrund solcher unbewusster Identifikationen mit Größenideen entstehen gesellschaftliche Utopien und Ideologien, die an der ganzheitlichen Realität des Menschen und des Lebens vorbeigehen, entstehen Führer und Weltverbesserer, die glauben, im Besitze endgültiger Wahrheiten zu sein, entstehen Werte und hohe Ideale, die die Menschen krank machen, weil sie nicht erfüllbar sind. – So schöpferisch intuitive Höhenflüge auch sind, so notwendig ist es auch, dass wir wieder auf der Erde landen und kritisch überprüfen, was sich davon praktisch umsetzen lässt, und zwar nicht von anderen Menschen, sondern von uns selbst. Größenphantasien haben die Tücke, dass sie uns verleiten zu glauben, die anderen müssten mit deren Realisierung beginnen, man selbst habe es ja schon getan. Deshalb sind auch immer die anderen schuld, wenn die so schöne Vorstellung eines Tages an der Wirklichkeit des Lebens scheitert. Um sich vor den Größenphantasien anderer Menschen zu schützen, ist es gut, sich den Menschen, der solche Phantasien äußert und ihre Verwirklichung fordert, genau anzuschauen und sich zu fragen, ob er das, was er sagt, auch selbst lebt. Wie sieht sein Privatleben aus? Wie ist seine Wohnung eingerichtet? Wie gestaltet er sein Alltagsleben? Hat er Freunde? Wie geht er mit Nachbarn, seinen Kindern und seinem Partner um?

C. G. Jung erzählt: »Ich habe einmal die Bekanntschaft eines verehrungswürdigen Mannes gemacht – man konnte ihn ohne Schwierigkeit einen Heiligen nennen –, ich ging drei Tage lang um ihn herum und konnte nirgends die Unzulänglichkeit des Sterblichen an ihm entdecken. Mein Minderwertigkeitsgefühl wurde bedrohlich, und ich begann bereits ernstlich daran zu denken, mich zu bessern. Am vierten Tage aber konsultierte mich seine Frau … Seitdem ist mir nichts Ähnliches mehr passiert. Aber ich lernte daraus, dass jemand, der mit seiner Persona eins wird, alles Störende durch seine Frau darstellen lassen kann, ohne dass letztere es merkt; allerdings bezahlt sie dann ihre Selbstaufopferung mit einer schweren Neurose.«[11]

So ist die selbstkritische Frage: »Lebe ich das eigentlich selbst, was ich meine, wie andere Menschen leben sollten?« eine gute Hilfe bei der Relativierung unserer Größenvorstellungen. Stellt man sich diese Frage ausreichend häufig, dann verzichtet man zunehmend auf große Worte, wie jene Alten, von denen Konfuzius sagt, dass sie ihre Worte sparten, weil sie sich schämten, mit ihrem Betragen hinter ihren Worten zurückzubleiben.

Unserem Schneiderlein hätte es bei seiner sowieso vorhandenen Neigung zu Prahlerei und Großmäuligkeit leicht passieren können, seine Fähigkeiten und Kräfte weit zu überschätzen. Sein Streich, der für ihn eine unerhörte Heldentat gewesen ist, hatte ihn ja in seinen Augen schon zu einem Manne mit Riesenkräften und Riesentapferkeit gemacht, und dann wäre es nur noch ein kleiner Schritt für ihn gewesen, sich selbst für einen Riesen zu halten. Die Begegnung mit dem Riesen wäre sicherlich anders verlaufen, wenn das Schneiderlein aufgrund seiner Selbstüberschätzung versucht hätte, es dem Riesen gleichzutun und den Stein oder den Baumstamm mit seinen Körperkräften zu meistern. Wir können bezweifeln, dass es mit heiler Haut davongekommen wäre, wenn wir die schlechte Laune, die Humorlosigkeit und Reizbarkeit des Riesen bedenken. So aber bleibt sich das Schneiderlein glücklicherweise selber treu, es weiß, dass es kein Riese ist, und greift auf seine ihm wesensgemäßen Fähigkeiten zurück, auf List, Schnelligkeit und Behendigkeit.

Mit jeder Größen- und Heldenphantasie, mag sie noch so erhaben, ideal und rein erscheinen, ist immer auch noch ein anderes Schattenproblem verbunden, nämlich das der Macht und Gewalt. Positive Werte des Heldenbewusstseins wie Tatkraft, Mut, Ausdauer, Frustrationstoleranz, Konfliktfähigkeit und Willensstärke pervertieren leicht zu destruktivem Risiko, Starrheit, Kompromisslosigkeit, Kriegslust und Härte. Berg, Riese, Stein und Eiche, wenn wir sie hier als zusammengehörige Einheit auffassen wollen, weisen als Symbole der Größe, Stärke, Härte und auf Unnachgiebigkeit auf die Gefahren eines einseitig gewordenen Heldenbewusstseins hin.

Der Berg ist seit jeher verbunden mit den Attributen der Größe, der Mächtigkeit und Dauer. Wer die Mühsal des Aufstiegs auf sich nimmt, seiner Besteigung und Bezwingung seine ganze Kraft und Ausdauer widmet, der nimmt teil an diesen Attributen. Oben, auf einsamer Gipfel-Höhe, dem menschlichen Leben weit entrückt, mag man sich mit den Göttern verbunden oder gar göttergleich fühlen. Götter aber sind nicht nur lichtvolle, positive Wesen, sondern besitzen auch in gleichem Ausmaß dunkle, destruktive Seiten, sind eifersüchtig, rach- und herrschsüchtig. Sie können in Gestalt blindrasender, übermächtiger Naturkräfte in kurzer Zeit alles zerstören, was Menschen sich jahre- und jahrhundertelang aufgebaut haben. Der Riese, der in unserem Märchen oben auf dem Berge sitzt, hat sich diesen Ort sicherlich aufgrund seiner Verwandtschaft zum Berg und zu den Göttern ausgesucht. Er repräsentiert übermenschliche Kräfte und Fähigkeiten, gepaart mit unvorhersehbarer und unkontrollierbarer destruktiver Dynamik.

Auch der Stein hat eine deutliche Beziehung zum Berg und zum Riesen. Im Märchen wird er als ein Symbol der Härte, der Schwere und Trägheit gebraucht. In früheren Zeiten wurden Steine mit ewigen, unveränderlichen und göttlichen Werten verbunden. Ähnliches gilt für die Eiche. Sie war bei vielen indogermanischen Völkern ein heiliger Baum. Wegen ihres harten, dauerhaften Holzes ist sie seit der Antike ein Sinnbild der Kraft, Männlichkeit, Beharrlichkeit und Unsterblichkeit. Im 18. Jahrhundert wurde sie deshalb in Deutschland zum Zeichen des Heldentums (Eichenlaub als Siegeslorbeer).

Das Problem, vor das sich das Schneiderlein also hier gestellt sieht, ist das des negativen, übersteigerten Heldenbewusstseins. Es hat damit eine Aufgabe zu lösen, die auch für unsere heutige Zeit von brennender Aktualität ist. Unsere moderne abendländische Gesellschaft ist weitgehend durch ein heroisches Bewusstsein geprägt. Nach-oben-Streben, Leistung, Rivalität, Konflikt, Kampf, Erfolg, Härte, Stärke, Größe und Macht sind einige ihrer zentralen Werte. Viele sind dermaßen mit ihnen identifiziert, dass sie sich gar nicht vorstellen können, dass es noch andere Lebenseinstellungen geben kann.[12]

Können wir nun aus der Art und Weise, wie das Schneiderlein den Riesen überlistet, etwas über den Umgang mit der Gefahr des negativen Heldenbewusstseins lernen? Sein Vorgehen gleicht dem, was in der Weisheit des Laotse seinen Ausdruck findet:

»Ein Mensch kommt zart und nachgiebig zur Welt.
Bei seinem Tode ist er hart und starr
Frische Pflanzen sind weich und voller Lebenssaft.
Bei ihrem Tode sind sie verdorrt und trocken.
Daher ist das Starre und Unbeugsame
der Schüler des Todes.
Das Weiche und Nachgiebige ist
der Schüler des Lebens.
So gewinnt eine Armee ohne Wendigkeit
niemals eine Schlacht.
Ein Baum, der unbiegsam ist, wird leicht gebrochen.
Das Harte und Starke wird vergehen.
Das Sanfte und Schwache wird andauern.«[13]

Wenn wir das Tun des Schneiderleins mit diesen Worten des Laotse vergleichen, dann erkennen wir, dass es ein wahrer Schüler des Lebens ist, der dem Harten, Starken und Starren das Weiche, Schwache und Nachgiebige entgegensetzt, um es zu überwinden. Dem starken Riesen auf seinem mächtigen Berg begegnet es mit seiner Schwäche, die Härte des ersten Steins meistert es mit der Weichheit des Käses, die Trägheit und Erdenschwere des zweiten Steins besiegt es mit der Beweglichkeit des Vogels, und die Starre und Schwere des Baumstamms bewältigt es durch seine Nachgiebigkeit und Leichtigkeit.

Aber, und auch das ist ein Gedanke Laotses, tiefe Lebenswahrheiten erscheinen uns meist wie ein Irrtum. Vom heroischen Standpunkt aus betrachtet kommt uns das Verhalten des Schneiderleins wie ein billiger Trick oder wie ein feiges Ausweichen vor. Aber vom Standpunkt des Lebens aus gesehen entlarvt das Schneiderlein unser Omnipotenzgehabe in seiner ganzen riesenhaften Dummheit und Lächerlichkeit. Unser ständiges Stärke-Messen ist uns so wichtig, dass wir nicht wahrnehmen können, dass wir genauso gut darauf pfeifen könnten, wie es das Schneiderlein tut, als es sich auf dem Baumstamm vom Riesen mittragen lässt.

Was es nun konkret heißt, dem Leben weicher, beweglicher und nachgiebiger zu begegnen, haben wir bereits ansatzweise geschildert. Die folgenden sechs Episoden werden diese Kunst nun ausführlicher darstellen.

Die trickreiche Kunst der Umdeutung

Sie gingen zusammen weiter, und als sie an einem Kirschbaum vorbeikamen, fasste der Riese die Krone des Baums, wo die zeitigsten Früchte hingen, bog sie herab, gab sie dem Schneider in die Hand und ließ ihn essen. Das Schneiderlein aber war viel zu schwach, um den Baum zu halten, und als der Riese losließ, fuhr der Baum in die Höhe, und der Schneider ward mit in die Luft geschnellt. Als er wieder ohne Schaden herabgefallen war, sprach der Riese: »Was ist das, hast du nicht Kraft, die schwache Gerte zu halten?« – »An der Kraft fehlt es nicht«, antwortete das Schneiderlein, »meinst du, das wäre etwas für einen, der siebene auf einen Streich getroffen hat? Ich bin über den Baum gesprungen, weil die Jäger da unten in das Gebüsch schießen. Spring nach, wenn du's vermagst.« Der Riese machte den Versuch, konnte aber nicht über den Baum kommen, sondern blieb in den Ästen hängen, also dass das Schneiderlein auch hier die Oberhand behielt.

Diese kleine Episode zeigt, wie gefährlich Riesen- und Größenphantasien sein können, wenn wir nicht wachsam sind. Lassen wir uns von ihnen dazu verführen, Früchte zu kosten oder Ziele anzustreben, die nicht unserem Maß und unseren Fähigkeiten entsprechen, dann können wir schnell den Boden unter den Füßen verlieren und ins Verderben stürzen. In einem anderen Grimmschen Märchen – »Der Riese und der Schneider« – endet die peinliche Angeberei eines Schneiders damit, dass er von einem Weidenast, den er herabbiegen sollte, so weit in die Höhe geschleudert wurde, »dass man ihn gar nicht mehr sehen konnte. Wenn er nicht wieder heruntergefallen ist, so wird er wohl noch oben in der Luft herumschweben.« Das illustriert sehr gut die Gefahren einer solchen Selbstüberschätzung, nämlich, dass man sich in Luftgespinsten und illusionären Wunschbildern verliert und dadurch den Kontakt zur Erde, zur materiellen Realität, einbüßt. Laotse meint: »Hoch steht auf tief.« Jesus sagt: »Wer sich selbst erhöht, der wird erniedrigt werden.« Der Volksmund weiß: »Hochmut kommt vor dem Fall.«

Glücklicherweise übersteht unser Schneiderlein seinen unfreiwilligen Höhenflug unbeschadet und landet wieder sicher mit seinen beiden Beinen auf dem Boden. Auf die verwunderte Frage des Riesen, wieso es nicht die schwache Gerte habe halten können, reagiert es mit einem intellektuellen Kunstgriff, den wir uns nun etwas näher anschauen wollen. Es deutet seine Schwäche kurzerhand in eine Stärke um. Aus einem unfreiwilligen Hochgeschleudertwerden macht es ein freiwilliges Hinüberspringen. Der einfältige Riese kann mit seinem ungeübten Denken diesen geistigen Salto mortale des Schneiderleins nicht durchschauen und lässt sich von ihm täuschen, so dass er schließlich selbst im Baume hängenbleibt. Bevor wir nun über die Dummheit des Riesen lachen, wollen wir uns erst einmal überlegen, ob wir dieses trickreiche Spiel nicht häufig mit uns selbst spielen oder spielen lassen.

Wahrscheinlich denken wir dabei gleich wieder an unsere Mitmenschen, an Politiker und an Meinungs- und Bedürfnismanipulateure. Die sind natürlich auch Meister in dieser Kunst, aus Schwarz Weiß zu machen, zum Beispiel aus Aufrüstung Friedenssicherung und aus Umweltzerstörung Wirtschaftswachstum. Aber auch wir selbst stehen mit unserer Fähigkeit zu der List, unsere Einstellungen und Verhaltensweisen so zu interpretieren, wie es für unser Wohlbefinden am besten ist, in keiner Weise der des Schneiderleins nach. Die Tiefenpsychologie nennt diesen Trick Rationalisierung. Das kommt von ratio (= Verstand) und meint, dass wir unseren Verstand missbrauchen, damit er uns mit Hilfe von einleuchtenden Scheinargumenten über unsere wahren Beweggründe hinwegtäuscht. Ein Großteil unserer Vorstellungen von uns selbst und von unserem Verhalten beruht auf solchen Rationalisierungen. Aus Mängeln machen wir Tugenden, aus Unsicherheiten Stärken, und aus Schwächen machen wir Vorzüge. So sind wir zum Beispiel in der Lage, unsere Unfähigkeit zu lieben als Autonomie und Selbstverwirklichungsstreben hinzustellen und umgekehrt unsere Angst vor Autonomie und Selbstständigkeit als hingebungsvolle Liebe zu deklarieren. Unsere Angst vor Konflikten und vor Aggression interpretieren wir als reife Haltung, mit der wir über den Dingen stehen, und unsere destruktive Gewalttätigkeit anderen gegenüber deuten wir als notwendige Verbesserungs- und Erziehungsaktion. Tatsächlich gibt es nur sehr wenig, was wir nicht tun, wenn wir über eine uns passende Ideologie und die uns vernünftig erscheinende Begründung und Rechtfertigung verfügen. Religionskriege, Ketzer- und Hexenverbrennungen, Eroberungsfeldzüge zur Ausrottung ganzer Völker und Kulturen, Massenmorde, Folterung und Menschenmisshandlung sind dafür die erschreckendsten Beispiele.

Die Gefährlichkeit solcher Rationalisierungen wächst in dem Maße, in dem sie uns unbewusst bleiben, wir also die Scheinerklärung für die volle Wahrheit halten, und je weniger wir die Ganzheit unseres Wesens annehmen können. Wenn wir uns bejahen können, wie wir sind, brauchen wir uns über uns selbst weniger vorzumachen und können dann unsere Bedürfnisse ohne zudeckenden oder verschönernden Etikettenschwindel unmittelbarer, konstruktiver und mitmenschlicher wahrnehmen.

Das Phänomen der Rationalisierung können wir umfassender verstehen, wenn wir uns klarmachen, dass sie nur ein spezieller Aspekt unseres grundlegenden Bedürfnisses nach Bedeutung, Ordnung und Sinn ist. Wir müssen unserem Leben und unserem Verhalten eine Bedeutung geben, damit wir überhaupt sinnvoll leben können. Die Welt zu ordnen und zu erklären ist die Grundlage menschlicher Bewusstseinsentwicklung. Und leider – oder glücklicherweise – ist das Leben ein solch komplexes und widersprüchlich erscheinendes Phänomen, dass es zu einem Sachverhalt meist verschiedene Erklärungen oder Standpunkte gibt, die alle mehr oder weniger berechtigt sind. Die Objekte der Erfahrung mögen im wesentlichen für alle Menschen ähnlich sein, in ihrer Bedeutung und ihrem Sinn unterscheiden sie sich aber für den einzelnen Menschen sehr stark. Zwar verdeckt der gemeinsame Sprachgebrauch einer Gesellschaft und einer Kultur häufig die bestehenden individuellen Unterschiede des Erlebens und Wahrnehmens, aber bei jeder tiefergehenden Kommunikation wird schnell deutlich, wie sehr wir alle in eigenen Welten leben. Deshalb sind im Grunde genommen alle Erklärungen und Bedeutungen, die wir den Lebensvorgängen geben, Rationalisierungen und Konstruktionen. Manche von ihnen sind wirklichkeitsnäher, manche wirklichkeitsferner, eine Grenzlinie lässt sich kaum ziehen. Was ist richtiger: eine halbgefüllte Flasche Wein als »halb voll« oder als »halb leer« anzusehen? Weil im Leben also vieles relativ ist, je nach unserem persönlichen Standort, deshalb können wir uns so leicht täuschender Rationalisierungen bedienen. Das hat aber nicht nur, wie es jetzt vielleicht scheinen mag, negative Seiten, sondern auch positive. Denn wenn unser Erleben der Wirklichkeit zum großen Teil ein Produkt unserer Einstellung zu ihr ist, dann können wir unser Leben auch selbst bestimmen, indem wir unsere Einstellung ändern.

Tatsächlich könnten wir uns manchmal entscheiden, wie wir eine Situation sehen wollen, ob positiv oder negativ, anregend oder langweilig, erheiternd oder bitter. Dass wir das aber nicht tun, hängt oft damit zusammen, dass wir uns und unsere Einstellung viel zu wichtig und ernst nehmen. Manche Menschen verharren lieber in Trauer, Leid und Schmerz, als dass sie ihre Wichtigkeit und Bedeutsamkeit zugunsten eines befreiten und zufriedenen Lebens aufgeben. Sie bestehen auf ihrem Recht, unglücklich zu sein. Aber solange wir noch glauben, genau zu wissen, was richtig, wahr und endgültig ist, haben wir noch keine große Entscheidungswahl. Wir müssen dann den Zwängen unserer eigenen Auffassung folgen. Könnten wir aber wirklich erkennen, dass wir es größtenteils selbst sind, die unserem Leben Sinn und Bedeutung verleihen, dann wären wir frei, zu autonomen und eigenverantwortlichen Meistern unseres Lebens zu werden, wir wären frei, die große Chance und das Glück des Lebendigseins zu nutzen.

In den meisten Psychotherapien wird deshalb auch weniger versucht, dem Klienten eine »objektive« oder »richtige« Weltauffassung und Einstellung zu sich selbst beizubringen, sondern er wird ermutigt, jene Wirklichkeitsauffassung zu finden oder zuzulassen, die mit seinem eigenen Wesen am meisten in Einklang steht. Er soll zu dem werden, der er ist. Dazu bedient sich der Therapeut weitgehend der Technik der Rationalisierung, oder besser: der sanften Kunst der Umdeutung. Die meist unerträglich eingeengte und festgefahrene Weltsicht und negative Einstellung des Klienten wird durch die Umdeutung gelockert und erweitert. Er lernt, sich und sein Leiden in anderem Kontext zu sehen. Schon das einfühlende, akzeptierende Zuhören des Therapeuten ist eine Umdeutung. Der Klient erfährt vielleicht erstmalig, dass seine so schlimmen Phantasien, Ängste und Schwächen von einem anderen Menschen verständnisvoll angenommen werden können, ohne dass er bestraft, ausgelacht oder verurteilt wird. Er erfährt, dass manche Symptome, die er für sinnlos hielt, einen tieferen, konstruktiven

Sinn beinhalten, dass manche seiner Seiten, die er bisher ablehnte, positive Potentiale darstellen, die gefördert statt verdrängt werden müssen, und dass manche Probleme, die er für fremdartig und einmalig hielt, allgemein-menschliche Probleme sind. Durch die Umdeutung lernt er, dass er sich und seine Welt auch noch unter anderen, konstruktiveren Perspektiven sehen kann und dass er dadurch die Freiheit erhält, sich für diejenige Einstellung zu entscheiden, die ihm mehr Lebensfreude und Lebensgewinn vermittelt.

Zugespitzt formuliert besteht die sanfte Kunst der Umdeutung darin, ein unerwünschtes Problem in ein erwünschtes und berechtigtes zu verwandeln. Eine Reihe unserer Probleme, besonders Ängste und Zwänge, werden gerade dadurch aufrechterhalten und verschärft, dass ihr Auftreten krampfhaft vermieden wird. Wir verbrauchen sehr viel Energie damit, sie durch Überlegen auflösen zu wollen oder durch Vermeidungsverhalten zu verhindern. Dadurch geraten wir in einen Teufelskreislauf, der die Probleme immer weiter stabilisiert und vermehrt. Deshalb ist es sinnvoll, sie als »erwünscht« und berechtigt umzudeuten und damit den Teufelskreislauf zu durchbrechen. Etwas, was erwünscht und berechtigt ist, braucht man nicht zu fürchten und zu bekämpfen.

Watzlawick[14] beschreibt die Geschichte eines jungen Ehepaares, das in eine unerträgliche Abhängigkeit und Bevormundung durch die Eltern des Mannes geraten war. Die Eltern trafen alle wesentlichen Entscheidungen, übernahmen die Wahl, die Anzahlung und Einrichtung ihres Hauses, unterstützten sie finanziell und besuchten sie viermal im Jahr, um dann alle anfallenden Tätigkeiten in Haus und Garten zu übernehmen. Trotz verschiedentlicher Ansätze fand das Paar keine Möglichkeit, sich von der drückenden Last der Bevormundung und Dankesschuld zu befreien. Es wurde ihnen zu folgendem Vorgehen geraten: Da sie bisher immer ihr Äußerstes getan hatten, den Eltern bei ihrem Besuch so wenig Anlass wie möglich zum Einmischen und Unterstützen zu geben, sollten sie nun diesmal nicht versuchen, sie daran zu hindern, sondern sie noch indirekt dazu auffordern, ja Hilfe und Aktivität geradezu von ihnen erwarten. Das Problem sollte also nicht vermieden, sondern sogar noch verstärkt werden. Als die Eltern dann zu Besuch kamen, ließ sich das Paar von ihnen das Geschirr spülen, die Wäsche waschen, das Haus reinigen, den Garten versorgen, Lebensmittel einkaufen und bezahlen, während sie fernsahen, lasen und sich entspannten. Das Ergebnis war, dass die Eltern ihren Besuch vorzeitig abbrachen mit der Begründung, das Paar sei viel zu sehr verwöhnt, und es sei nun höchste Zeit für sie, erwachsen zu werden. Auf diese elegante Weise wurde nicht nur dem Paar geholfen, sondern auch den Eltern ermöglicht, ihre Rolle als gute Eltern weiterzuspielen. Anstatt die jungen Leute weiterhin zu verwöhnen, sahen sie es jetzt als ihre Aufgabe an, diese zur Selbständigkeit zu erziehen.

In den Büchern Viktor E. Frankls und seiner Schüler finden sich zahllose ähnliche Beispiele, in denen Menschen mit Hilfe der von Frankl entwickelten Technik der paradoxen Intervention ihre Symptome überwanden. Typisch für dieses Vorgehen ist der Fall einer angstneurotischen Frau, von der E. Lukas[15] berichtet. Die Therapeutin pflegte die Patientin, die sich auf Straßen, in Bussen und Kaufhäusern panisch fürchtete, zu Beginn der Therapiestunde zu fragen, ob sie ihre Angst mitgebracht oder draußen vergessen habe. Als diese ihr einmal entgegnete, dass sie ihre Angst diesmal draußen gelassen habe, forderte die Therapeutin sie auf, sich jetzt mit ihr auf die Straße zu begeben, um gemeinsam die Angst zu suchen, denn es gehe ja schließlich nicht an, die Angst einfach zu verlieren. Auf der Straße verlangte die Therapeutin von ihr, sie doch endlich dorthin zu führen, wo sie die Angst zurückgelassen oder aus den Augen verloren habe. Wie geplant, war die Patientin jetzt aufgrund ihres angestrengten Bemühens, Angst zu erleben, zu keiner Angstreaktion imstande. Es bedurfte zwar noch einiger Übung, bis sich die Patientin auch allein auf die Suche nach ihrer verlorengegangenen Angst begeben konnte, aber schließlich kam es so weit, dass die Angst unauffindbar geworden war.

Im Unterschied zur anfangs beschriebenen unbewussten Rationalisierung, die hauptsächlich als Widerstand gegen eine Veränderung unseres Verhaltens aufzufassen ist, ist die therapeutisch eingesetzte Kunst der Umdeutung eine bewusste Maßnahme, um eine Veränderung zu erzielen. Man weiß, dass es ein Trick ist, wenn man versucht, das unerwünschte Problem als ein erwünschtes anzusehen. Deshalb benötigt man dazu Experimentierfreude, Humor und eine spielerische Haltung, bei der man sich selbst nicht so verbissen ernst nimmt. Man muss sich sagen können: »Weil ich jetzt endlich etwas Neues lernen und aus meinen ewigen Verhaltens- und Gedankenkreisläufen herauskommen will, tue ich jetzt einmal so, als sei mein Problem von mir so sehr geliebt und gewollt, dass ich es allen Leuten zeigen will. Ich will neugierig sein, was dann dabei passiert.«

Eine ähnliche Haltung kann man in festgefahrenen Diskussionen und Streitereien probieren. Man versucht einfach, spielerisch den gegnerischen Standpunkt einzunehmen oder eine ganz andere Einstellung zu finden, indem man sich sagt: »Dieses ewige unfruchtbare Hin und Her langweilt mich. Ich probiere jetzt einmal aus, wie es ist, wenn ich gegen meinen eigenen Standpunkt argumentiere.« Wenn man das nicht allein mit sich ausmachen will, kann man seinen Diskussionsgegner darüber informieren, dass man jetzt anders zu argumentieren gedenkt als vorher. Vielleicht bekommt er dann auch Lust, die Rolle zu tauschen.

Wenn wir das Spiel der Umdeutung häufig spielen, entwickeln wir Einsicht in die Relativität des Daseins und die Subjektivität unserer Auffassungen. Wir lernen mit der paradoxen Natur des Lebens umzugehen und frei von der Identifizierung mit Gegensätzen zu werden. Lebenskunst bedeutet, mit den folgenden zwei Bällen geschickt jonglieren zu lernen: Der erste Ball ist grau und repräsentiert die Einsicht, dass die Dinge so sind, wie sie sind. Der zweite Ball ist bunt und repräsentiert die Einsicht, dass wir die Dinge so sehen können, wie wir wollen. Verlieren wir beim Jonglieren den bunten Ball, dann verbleiben uns nur Trägheit, Langeweile und Depression. Verlieren wir den grauen Ball, dann wird das Leben zur Täuschung, zur Lüge und Flucht.

Das Prokrustesbett der Riesenansprüche

Der Riese sprach: »Wenn du ein so tapferer Kerl bist, so komm mit in unsere Höhle und übernachte bei uns.« Das Schneiderlein war bereit und folgte ihm. Als sie in der Höhle anlangten, saßen da noch andere Riesen beim Feuer, und jeder hatte ein gebratenes Schaf in der Hand und aß davon. Das Schneiderlein sah sich um und dachte: Es ist doch hier viel weitläufiger als in meiner Werkstatt. Der Riese wies ihm ein Bett an und sagte, er sollte sich hineinlegen und ausschlafen. Dem Schneiderlein war aber das Bett zu groß, es legte sich nicht hinein, sondern kroch in eine Ecke. Als es Mitternacht war und der Riese meinte, das Schneiderlein läge in tiefem Schlafe, so stand er auf, nahm eine große Eisenstange und schlug das Bett mit einem Schlag durch und meinte, er hätte dem Grashüpfer den Garaus gemacht. Mit dem frühsten Morgen gingen die Riesen in den Wald und hatten das Schneiderlein ganz vergessen; da kam es auf einmal ganz lustig und verwegen dahergeschritten. Die Riesen erschraken, fürchteten, es schlüge sie alle tot, und liefen in einer Hast fort.

Nachdem das Schneiderlein seinem gefährlichen unfreiwilligen Höhenflug gerade noch mit heiler Haut entkommen ist, gerät es gleich darauf in eine noch bedrohlichere Situation. Es wagt sich allzu leichtsinnig und sich selbst überschätzend in die Höhle des Riesen. Möglicherweise hält es die Einladung des Riesen, bei ihm und den Seinen in der Höhle zu übernachten, für den Ausdruck besonderer Wertschätzung und Anerkennung seiner Gleichwertigkeit, übersieht dabei aber die mörderische Arglist des Riesen. Das Schneiderlein glaubt nun fast schon, ein Riese unter Riesen zu sein. Damit erreicht die Gefahr der Identifizierung des Schneiderleins mit seinen Riesen- und Größenphantasien ihren Höhepunkt.

Wir können es gut verstehen, wie verführerisch es für einen Menschen, der sich immer als klein und schwach empfunden hat, sein mag, sich in ein gemachtes Bett zu legen, das sonst den Großen und Mächtigen vorbehalten ist. Endlich, so mag er behaglich einschlummernd denken, bin ich auch einmal wer. Aber dieses Schlafen-Wollen in einem Bett, das viel zu groß ist, kostet einen hohen Preis, manchmal sogar das Leben. Es ist tragisch, zu sehen, wie sich manche Menschen in mörderische Abhängigkeit und Zwänge begeben, um mit Hilfe von Besitz, Prestige und Macht endlich einmal wer sein zu können, und dann ihren so ehrgeizigen und hastigen Aufstieg auf der Karriereleiter mit einem Herzinfarkt beenden. Tragisch daran ist auch, dass auf diese Weise etwas gesucht wird, was so gar nicht gefunden werden kann, und dass diese »Erfolgs«-Spirale eine Spirale ohne Ende und ohne endgültige Erfüllung ist. Jene innere Zufriedenheit, Liebesfähigkeit, Lebensfreude und heitere Gelassenheit, die von uns angestrebt wird, ist ein Resultat des Zu-sich-selbst-Kommens und des Bei-sich-selbst-Bleibens und kann nur in beschränktem Maße über Identifizierung mit Fremdwerten und Außenobjekten gewonnen werden.

Es gibt in der griechischen Mythologie eine Geschichte, die ganz ähnlich ist und die Thematik des unpassenden Bettes noch vertieft. Von einem Manne namens Prokrustes, was übersetzt der »Ausstrecker« heißt, wird erzählt, dass er arglose Wanderer, denen er eine Übernachtung bei sich anbot, überwältigte und sie in einem Bett fesselte. Kleine Menschen legte er in ein langes Bett und große Menschen in ein kurzes. Dann tötete er sie, indem er sie für das jeweilige Bett passend machte: Die Kleinen dehnte und streckte er, die Großen kürzte er um Haupt und Füße. Der griechische Held Theseus ließ Prokrustes dieselbe Prozedur zuteil werden, indem er ihn in das kurze Bett legte und ihm den Kopf abschlug. Beiläufig sei erwähnt, dass Theseus, ähnlich wie unser Schneiderlein, einige Zeit zuvor mit Sinis zu tun bekommen hatte, einem Manne, der den Spitznamen »Tannenbieger« trug. Dieser Sinis bat daherkommende Wanderer, ihm beim Niederbiegen eines Baumes zu helfen. Er tötete sie dadurch, dass er den Baum dann plötzlich losließ, so dass sie in die Höhe schnellten.

Doch zurück zu unserem Prokrustes-Bett. Prokrustes war offenbar so etwas wie der Erfinder des genormten Durchschnittsmenschen, des 0-8-15-Typs. Genausowenig wie irgendein Mensch seinen mörderischen Folterungen und Torturen entgehen konnte, weil er sie immer in das Bett legte, das gerade nicht passte, genausowenig kann sich ein Mensch aus seinen Konflikten, Leiden und Seelenqualen befreien, solange er sich ausschließlich an Fremdnormen und Fremdmaßstäben anpasst. Denn solche Normen, wie sie von Religions- und Gesellschaftssystemen, Ideologien, Moralphilosophien und Statistiken aufgestellt werden, sind allgemeine Abstraktionen. Der individuelle Mensch wird immer zu klein oder zu groß für sie sein. So hilfreich und notwendig menschliche Fremdnormen für uns auch sind, denn sie verleihen uns Sicherheit, Orientierung und Sinn und regeln unser Zusammenleben, so destruktiv werden sie, wenn sie nicht als Orientierungshilfen dienen, sondern zu verpflichtenden Zwängen werden.

Die beiden Betten des Prokrustes spiegeln Grundprobleme, mit denen praktisch jeder Klient, der eine Psychotherapie oder psychologische Beratung aufsucht, ringt. Im Zentrum der meisten Behandlungen steht die Frage: »Wer bin *ich* eigentlich und was will *ich* eigentlich?« Es geht darum, den eigenen inneren Willen, die eigenen Gefühle, Wünsche und Sehnsüchte wieder zu entdecken, die häufig schon in früher Kindheit aufgrund eines hohen Anpassungsdruckes verlorengegangen sind. Nicht zufällig war die »Unendliche Geschichte« von M. Ende vor wenigen Jahren ein weltweiter Bestseller und ein Kultbuch, denn sie behandelt das Kernproblem des selbstentfremdeten modernen Menschen, der sich auf die Suche nach seinem wahren inneren Willen machen muss, um die selbstzerstörerische Auflösung seiner Außen- und Innenwelt zu heilen.[16]

Besonders eindrücklich zeigt sich die Prokrustes-Thematik bei depressiven und zwanghaften Menschen. Der depressive Mensch scheint von einer übergewaltigen Prokrustes-Macht in ein viel zu kleines Lebensbett hineingepresst zu werden. Er erlebt sich als klein, hilflos, unselbstständig und minderwertig. Aus Angst, von anderen Menschen nicht geliebt und akzeptiert zu werden, vermeidet und verdrängt er eigene Wünsche, Impulse, Affekte und Triebe. Er neigt dazu, sich anderen Menschen unterzuordnen, sich von ihnen abhängig zu machen oder sich gar für sie aufzuopfern, was allerdings unbewusst häufig mit dem Machtanspruch verbunden ist, diesen Menschen ganz für sich zu haben und ihn mit Hilfe von Dankesschuld und Wiedergutmachungsverpflichtung fest an sich zu binden. Dafür lässt er sich von Prokrustes seine Füße, das heißt seine Eigenständigkeit, und seinen Kopf, das heißt sein eigenes Denken, Wollen und Handeln, abschlagen.

Der zwanghafte Mensch hingegen wird von Prokrustes in ein viel zu großes Bett hoher Ansprüche und Selbstanforderungen hineingezwungen und verliert dadurch seine Beweglichkeit und Lebendigkeit. In seinem Streben nach Dauer, Sicherheit und Ordnung versucht er die ständige Veränderung des Lebens durch genaue Planung, Analyse, Kategorisierung und Systematisierung zu bannen. Prinzipien, Moral, Gesetz, Recht und Ordnung dienen ihm als Schutzwall vor den eigenen spontanen Impulsen. Er verlangt häufig von sich Höchstes und Übermenschliches an Perfektion, Genauigkeit und Korrektheit. Nirgends lässt sich die Tragik und das Leiden des Menschen, der in der Zerreißprobe zwischen Fremdansprüchen und Selbstimpulsen steht, deutlicher erleben als am zwangskranken Menschen. Mit Hilfe von Zwangsritualen und -handlungen muss er das bisschen eigene Leben, das noch in ihm steckt, verzweifelt unterdrücken, weil es ihm panische Angst bereitet.

Der folgende Auszug aus dem Tagebuch einer Mutter, die die Erziehung ihres Kindes im ersten Lebensjahr beschreibt, macht verständlich, wieso sich depressive und zwanghafte Persönlichkeitsstrukturen so tief und fast unüberwindlich in uns eingraben: »Ich habe schon im dritten Monat begonnen, dich an das Töpfchen zu gewöhnen – du solltest so bald wie möglich sauber sein. Du warst ein unruhiges und lebhaftes Kind; wenn du beim Füttern nicht stillhieltest, musste ich dir ordentlich was hinten drauf geben, bis du es gelernt hattest, stillzuhalten – später genügte es meist schon, wenn ich dich drohend ansah, dass du brav warst. So habe ich von ganz früh an darauf gesehen, dass du deinen Trotz nicht durchsetzen konntest, wie ich es in einem Buch gelesen hatte: Man soll den Trotz im ersten Ansatz brechen. So habe ich auch, wenn du brülltest, wenn ich aus dem Zimmer ging, dir ein paar kräftige Schläge hinten drauf gegeben; du brülltest dann erst noch mehr, aber ich habe dich allein gelassen, bis du dich müde geschrien hattest – es war zu deutlich, dass du mich nur ärgern wolltest. Du warst dann auch lieb; später hat es keinen solchen Machtkampf mehr gegeben, und die Leute wunderten sich, dass du ein so gehorsames Kind warst und schon mit Blicken regiert werden konntest. Manchmal musste ich mich selbst überwinden, so hart zu sein – aber ich sah ja, dass es so am besten für dich war, und dachte, du würdest später schon verstehen, dass ich nur das Beste für dich wollte und dass ich aus Liebe so streng zu dir war.«[17]

Wessen eigenes Wünschen und Wollen wie in diesem Beispiel schon so früh durch Züchtigung, Liebesentzug, Trennungsdrohung und Verachtung der eigenen Würde erstickt wurde, wagt natürlich später nicht mehr, Fremdansprüchen ein »Nein« entgegenzusetzen und zu sich selbst »ja« zu sagen. Das innere Leben ist versiegt, es ist grau, leer und sinnlos. Unter einem Meer von Traurigkeit brodelt ein Vulkan von tödlicher Aggressivität und Selbstzerstörung. Die modernen Waffensysteme, vor allem die Atombombe, sind so gesehen auch Symbole der destruktiven, lebensbedrohlichen Spaltung und Entfremdung des Menschen von seinem eigenen Wesen. Das scheint das kollektive Zentralproblem des heutigen westlichen Menschen zu sein: Im Spiegel der Atombombe erfährt er sein gigantisches Zerstörungspotential, weil er nichts hat, woraus er konstruktiv und sinnerfüllt leben könnte, denn der Zugang zur Mitte seines Wesens, zu seinem schöpferischen Selbst, ist verschüttet.

Wer innerlich so leer ist und gar nicht mehr spürt, was er selbst will, ist natürlich schnell bereit, den negativ-heroischen Werten unserer Gesellschaft zu folgen. Macht, Erfolg und Prestige bieten sich als verlockende Füllmittel für das Vakuum unserer Seele an, vertiefen aber den Teufelskreis von Selbstentfremdung und Ersatzbefriedigung nur noch mehr. Gibt es überhaupt noch eine Lösung?

Das Schneiderlein bietet uns eine an: Es steigt einfach aus. Zunächst war ja zu befürchten, dass es den mit seinem neu erwachten Selbstbewusstsein verbundenen schattenhaften Größen- und Riesenphantasien verfällt, indem es sich zu den Riesen gesellt, aber in Anbetracht des Riesenbettes wird ihm bewusst, dass diese Riesenphantasien nicht mit seinem eigenen inneren Maß übereinstimmen. Es bleibt sich, trotz aller Gefährdung der Selbstüberschätzung, letztlich doch selbst treu und verlässt sich auf sein instinktives Gefühl, das ihm sagt: »Sei vorsichtig, das ist eine gefährliche Lage. Die Situation ist nicht gut, weil sie dir nicht wesensgemäß ist.«

Schon in der Episode mit dem verführerischen Mus hat das Schneiderlein gezeigt, dass es sich nicht fremdbestimmen und manipulieren lässt, weil es weiß, was für es selbst richtig ist. So steigt es auch hier einfach aus der Verführungssituation aus. Damit scheint es für sich persönlich die Riesenproblematik überwunden zu haben, was sich auch darin ausdrückt, dass die Riesen später panikartig fliehen, als sie es wie einen vom Tode Auferstandenen munter daherschreiten sehen. So erweist sich das tapfere Schneiderlein als einer, der der Destruktivkraft des Heroischen gegenüber immun geworden ist. Das erklärt auch seine Souveränität bei den letzten drei großen Hauptprüfungen, die nicht nur, wie wir sehen werden, persönliche Probleme des Schneiderleins darstellen, sondern vor allem auch kollektive, allgemeinmenschliche Grundkonflikte.

Was heißt es aber nun, einfach auszusteigen? Heute wird vielerorts vom Aussteigen geredet. Meist wird darunter ein äußeres Aussteigen aus krankmachenden beruflichen und gesellschaftlichen Verhältnissen verstanden. Dies mag im Einzelfall sehr notwendig sein, aber noch wichtiger scheint es mir zu lernen, innerlich auszusteigen, das heißt die geheime Identifizierung mit den selbstzerstörerischen Einstellungen und Werten aufzugeben, die wir in uns gespeichert haben. Ein solches inneres Aussteigen beginnt damit, dass wir tief in uns hineinhorchen und uns fragen, welchen geheimen Verführern und Manipulateuren, welchen Größenphantasien und Ersatzbefriedigungen, welchen negativ-heroischen Werten wir eigentlich folgen und ob diese Werte wirklich die unsrigen sind. Wollen wir tatsächlich immer nur mit anderen Menschen rivalisieren, kämpfen, mehr und besser sein, oder wollen wir nicht viel lieber mit anderen Menschen in Freundschaft und in schöpferischem Austausch zusammenleben? Wollen wir nicht viel lieber gemocht und geliebt werden? Sehnen wir uns nicht danach, dass uns endlich einer sagt: »Du bist ein wunderbarer Mensch. Ich mag dich so, wie du bist«?

Weil es aber sehr unwahrscheinlich ist, dass das einer zu uns sagt, solange wir gegen ihn kämpfen, müssen wir selbst beginnen, es uns und anderen zu sagen. Erst wenn wir selbst aus unserem inneren Kriegszustand aussteigen, indem wir aufhören, ständig Anderes und Besseres von uns zu fordern, und uns liebevoll in unserem Sosein bejahen, können wir auch unsere »Heldenkämpfe«, die wir ständig nach außen hin ausfechten, beenden. Wenn wir zu unseren Fehlern, Schwächen, Minderwertigkeiten und Dummheiten stehen, weil wir uns entschlossen haben, Menschen und keine Ideal-Helden zu sein, können wir auch Toleranz, Mitgefühl und Humor unseren Mitmenschen gegenüber entwickeln.

Psychologische Selbsterfahrungsmethoden, Entspannungsverfahren und Meditation helfen uns bei diesem inneren Aussteigen. Sie ermöglichen es, unsere Ich- und Personaverkrampfung aufzulockern, die scheinbare Wichtigkeit fremdprogrammierter Werte und Einstellungen loszulassen, unsere wahren Bedürfnisse zu verspüren und das Wesentliche vom Unwesentlichen zu trennen. Sie können uns dabei unterstützen, uns auf unser inneres und äußeres Leben offen und fließend einzulassen und uns dabei zunehmend in der eigenen Mitte zu zentrieren.

Ich möchte das Thema Größen- und Heldenphantasien nun abschließen mit einem alten chassidischen Sprichwort, das besagt, dass ein Mensch zwei Hosentaschen benötigt, in die er dann und wann greifen kann, je nachdem, was er gerade braucht. In der rechten Tasche muss er die Worte »Um meinetwillen wurde die Welt erschaffen« aufbewahren und in der linken »Ich bin Staub und Asche«. Dieses Sprichwort zeigt uns sehr schön die Notwendigkeit der Polarität von Größenphantasie und Ohnmachtserleben für unser Dasein. Ohne gewisse Größenphantasien, die uns das Gefühl geben, dass unser Leben ein ganz besonderes Leben, eine große Chance ist und dass unser Leben Bedeutung und Sinn hat, würden wir wenig Motivation zum Lernen und

Wachsen haben. Damit diese Ich- und Persönlichkeitsentfaltung aber nicht die ihr förderlichen Grenzen überschreitet und zum Größenwahn auswuchert, bedarf es der Selbstbeschränkung und der Einsicht, dass wir klein und unbedeutend sind. Immer wenn wir in Gefahr sind, unser inneres Maß und damit den Kontakt zu unserer Wirklichkeit zu verlieren, sollten wir uns an den Zettel in unserer linken Tasche erinnern und unsere Pläne und Einstellungen unter dem Blickwinkel unserer Endlichkeit überprüfen. Da der Tod uns von allem Wahn, auch dem Größenwahn, heilt, können wir uns in Anbetracht seiner ständigen Gegenwart vielleicht dann leichter dazu entscheiden, den zermürbenden Heldenkampf aufzugeben und die uns verbleibende allzu kurze Lebensspanne zufriedener und konstruktiver zu verbringen.

Den Seinen gibt's der Herr im Schlaf

Das Schneiderlein zog weiter, immer seiner spitzen Nase nach. Nachdem es lange gewandert war, kam es in den Hof eines königlichen Palastes, und da es Müdigkeit empfand, so legte es sich ins Gras und schlief ein. Während es dalag, kamen die Leute, betrachteten es von allen Seiten und lasen auf dem Gürtel »Siebene auf einen Streich«. »Ach«, sprachen sie, »was will der große Kriegsheld hier mitten im Frieden? Das muss ein mächtiger Herr sein.« Sie gingen und meldeten es dem König und meinten, wenn Krieg ausbrechen sollte, wäre das ein wichtiger und nützlicher Mann, den man um keinen Preis fortlassen dürfte. Dem König gefiel der Rat, und er schickte einen von seinen Hofleuten an das Schneiderlein ab, der sollte ihm, wenn es aufgewacht wäre, Kriegsdienste anbieten. Der Abgesandte blieb bei dem Schläfer stehen, wartete, bis er seine Glieder streckte und die Augen aufschlug, und brachte dann seinen Antrag vor. »Eben deshalb bin ich hierher gekommen«, antwortete er, »ich bin bereit, in des Königs Dienste zu treten.« Also ward er ehrenvoll empfangen und ihm eine besondere Wohnung angewiesen.

Selbst im Schlaf vermittelt uns das Schneiderlein eine Lektion Lebenskunst. Es lehrt uns, dass alle Dinge für ihre Entwicklung Zeit brauchen und zu einer ihnen gemäßen Zeit reif werden, die sich nur selten vorhersehen lässt. In schöpferischen Prozessen unterscheidet man häufig vier verschiedene Phasen: 1. die Vorbereitungsphase, in der man alles tut, was sich aktiv zur Lösung des anstehenden Problems tun lässt, sei dies eine wissenschaftliche Frage, ein künstlerisches Projekt oder ein seelischer Konflikt; 2. die Inkubationsphase, in der man das Problem in sich wirken und arbeiten lässt, ohne es allzusehr vom Bewusstsein her zu beeinflussen; 3. die Lösungsphase, in der in einem meist unerwarteten Augenblick die Lösung des Problems aufleuchtet, und 4. die Realisierungsphase, in der die gefundene Lösung praktisch in die Realität umgesetzt wird. Viele Menschen sind besonders deshalb nicht zu einem schöpferischen Leben fähig, weil sie die Kunst des Los- und Geschehenlassens nicht kennen, wie sie in der zweiten Phase, der Inkubationsphase, erforderlich ist. Ihr Bewusstsein ist nur auf Aktivität, auf Tun und Beeinflussen, auf Machen und »Im-Griff-Haben« eingestellt. Weil sie sich keine Zeit lassen, geduldig zu warten, bis die Saat, die sie in der Vorbereitungsphase gesät haben, Früchte trägt, sondern auf rasche, unausgereifte Erfolge ausgerichtet sind, bleiben die Resultate ihrer oberflächlichen Bemühungen dürr und unbefriedigend. So hetzen sie von einem vermeintlichen Erfolg zum nächsten, immer unter dem Drang, nichts Wesentliches zu versäumen, und versäumen doch alles. Nichts ist verderblicher für das Vertrauen in die eigenen schöpferischen Kräfte und deren Wachstum als Zeit-, Erfolgs- und Leistungsdruck. Das ist so, als würde ein Gärtner versuchen, seine Blumen schneller zum Wachsen und Blühen zu bringen, indem er an ihnen zieht und ihre Knospen aufbricht. Aber die Blumen wachsen von selbst, sie bedürfen nur eines sorgsamen Hegens und Pflegens. Dieses Vertrauen in sich selbst und darauf, dass auch wirklich etwas aus einem herauskommt, wenn man sich nur geduldig und achtsam auf sich selbst einlässt, haben viele Menschen verloren.

Es gehört mit zu den glücklichsten Momenten mancher Psychotherapie, wenn der Klient vielleicht anhand eines Traumes oder einer plötzlichen Einsicht entdeckt, dass in ihm noch neues, vorher unbekanntes Leben, schöpferische Kräfte und tiefe Weisheit verborgen sind. Diese Chance aber nehmen sich Klienten, die alle möglichen Therapie- und Selbsterfahrungsformen erlebnishungrig ausprobieren, ohne sich jemals ganz auf eine Form längere Zeit einzulassen. Es kommt bei der Selbstfindung weniger auf die Art der Methode an als vielmehr auf die Intensität, die Geduld und die Ausdauer, mit der man sich einbringt und mit der man die durch sie angestoßenen Prozesse wirken und wachsen lässt. Wer dies verstanden hat, weiß, dass jede Frage, wenn sie nur ausreichend lang gefragt und »im Herzen«, das heißt mit leidenschaftlichem Engagement, bewegt wird, zu ihrer Zeit die ihr gemäße Antwort findet.

Darauf vertraut wohl auch das Schneiderlein. Nachdem es dem Aufruf seines inneren Selbst zur Lebenserweiterung und Persönlichkeitsentwicklung – der sich, wie wir gesehen haben, bei ihm in Gestalt von Helden- und Riesenphantasien gezeigt hat – unverzüglich gefolgt ist, Haus, Beruf und Heimat verlassen hat und mit seinen eigenen destruktiven Schattenseiten konfrontiert wurde, ist es nun nach langer Wanderung an einen Königshof gekommen. Es ist müde und weiß wohl auch nicht so recht, wie es nun mit ihm weitergehen soll. Es tut das, was in solchen Situationen manchmal am besten ist, nämlich nichts. Vermutlich denkt es bei sich: »Gut' Ding will Weile haben«, legt sich ins Gras und macht ein Nickerchen.

Am Rande sei vermerkt, dass uns das Schneiderlein damit die dritte der Lebenskünste für körperliches Wohlbefinden demonstriert: Die erste war die Kunst des mäßigen, aber genussvollen Essens (das verführerische Mus!), die zweite war die Kunst, sich ausreichende körperliche Leichtigkeit und Beweglichkeit zu bewahren, und die dritte ist die Kunst des Entspannens, Ausruhens und Schlafens. Es gibt wohl wenig, was von einer solch heilsamen, regenerativen und ausgleichenden Wirkung ist wie der gesunde, tiefe, ausreichende Schlaf. Die Unfähigkeit des modernen Menschen zu dieser Kunst scheint, neben vielen anderen Faktoren, auch ähnliche Ursachen zu haben wie seine Unfähigkeit zur schöpferischen Lebensgestaltung: eine Ich-Verkrampfung und Ich-Überbewertung – siehe das negative heroische Bewusstsein –, die es ihm unmöglich macht, loszulassen und sich dem inneren und äußeren Leben anzuvertrauen. Die vierte Lebenskunst für körperliches Wohlbefinden – die Freude am Gefühlsausdruck und an der Sinnlichkeit – wird uns im vorletzten Abschnitt »Das Schwein in der Kirche« von dem Schneiderlein nahegebracht.

Während sich nun das Schneiderlein seinem Schlaf und seinem Schicksal anvertraut, tut sein »Kraftgürtel« mit der darauf gestickten »Kraftformel« seine weitere Wirkung. Das bestätigt noch einmal das oben Gesagte. Viele schöpferische Menschen haben erlebt, dass ihnen wesentliche Einsichten im Schlaf oder im entspannten Zustand kamen. Das Ich-Bewusstsein hat dann seine Kontrolle und Oberherrschaft gelockert, und neue Einfälle und Ideen können auftauchen. So auch beim Schneiderlein. Als es erwacht, wird ihm angeboten, in des Königs Dienste zu treten. Dann erleben wir zum wiederholten Mal, wie das Schneiderlein die ihm angebotene Chance sofort nützt. Es überlegt nicht lange, sondern bestätigt dem Abgesandten des Königs, dass dies genau seine Absicht war. Wir können vermuten, dass es eher zufällig an den Königshof gekommen ist und ursprünglich auch nicht die Absicht hatte, in den Kriegsdienst zu treten, aber jetzt deutet es sein Verhalten einfach dahingehend um.

Die richtige und günstige Gelegenheit sogleich beim Schopfe packen zu können ist ein recht schwieriger Aspekt der Lebenskunst. Eine Schwierigkeit liegt darin, sie überhaupt wahrzunehmen. Günstige Gelegenheiten und schöpferische Einfälle treten unverhofft auf, wenn wir gerade mit einer anderen Sache beschäftigt sind. Wir sind dann zu bequem, um jetzt umzuschalten, fühlen uns irritiert, verärgert, schieben die Sache von uns. Dahinter kann natürlich auch die Angst vor dem Neuen und Ungewohnten stehen, unser Streben nach Sicherheit und Ordnung. Manchmal zeigen sich die neuen Möglichkeiten auch in unscheinbarer Gestalt, so dass wir sie nicht genügend ernst nehmen. Eine andere, entgegengesetzte Schwierigkeit kann darin bestehen, dass es uns nicht gelingt, wesentliche Chancen von unwesentlichen zu unterscheiden, und wir allen möglichen Gelegenheiten nachlaufen, immer in der Hoffnung, es könne sich endlich um das große Glück handeln. Die Folge mag dann zunehmender Energieverlust, Verzettelung und Selbstentfremdung sein. Wenn sich Täuschungen und Irrtümer im Prozess des schöpferischen Lebens auch nicht vermeiden lassen, ja sogar notwendigerweise dazugehören, so lassen sie sich doch beschränken, wenn der Mut zum Neuen mit Besonnenheit und Einsicht in die Grenzen der eigenen Persönlichkeit gepaart ist und wenn einer sensiblen Achtsamkeit für das, was werden könnte, die Fähigkeit gegenübersteht, sich auf das zu beschränken, was jetzt als nächster Schritt real getan werden kann.

Die Episode, die wir gerade besprechen, markiert einen Wendepunkt in unserem Märchen. Während wir das bisherige Geschehen als eine mehr persönliche, individuelle Problematik des Schneiderleins auffassen können oder auch als eine Art Vorübung, in der es sich auf größere Aufgaben vorbereitet, bekommt der weitere Verlauf einen mehr allgemeingültigen Charakter. Die Aufgaben, die es nun zu lösen gilt, betreffen das Schneiderlein nicht mehr allein, sondern ein ganzes Volk. Die drei folgenden Prüfungen weisen auf kollektive Probleme hin, die vom König als dem Repräsentanten des herrschenden kollektiven Moral-, Traditions- und Wertesystems nicht gelöst werden konnten: der Umgang mit Gewalt und Aggression, die Neigung der Menschen zu extremen Standpunkten und der scheinbare Widerspruch zwischen geistig-religiösen und körperlich-sinnlichen Bedürfnissen. Da diese Konflikte letztlich auch Produkt der bereits besprochenen negativ-heroischen Bewusstseinshaltung sind, deren Gefahren das Schneiderlein für sich bereits einigermaßen gemeistert hat, ist es ihm jetzt auch möglich, sie souverän anzugehen. Wie so oft erkennt das herrschende System – der König und seine Soldaten – den Wert der neuen Lebenseinstellung, wie sie vom Schneiderlein vertreten wird, nicht und ist sogar willens, es zugunsten der Aufrechterhaltung der alten Ordnung und der damit verbundenen alten Konflikte zu vernichten. Der König lockt das Schneiderlein in eine Falle, um es sich vom Halse zu schaffen. Er verspricht ihm zwar sein halbes Königreich und seine Tochter dazu, hofft aber hintergründig, es werde die Aufgaben nicht bewältigen und umkommen. Glücklicherweise aber macht er dabei seine Rechnung ohne das Schneiderlein.

Wenn zwei sich streiten, freut sich das Schneiderlein

Dann sprang er in den Wald hinein und schaute sich rechts und links um. Über ein Weilchen erblickte er beide Riesen: Sie lagen unter einem Baume und schliefen und schnarchten dabei, dass sich die Äste auf und nieder bogen. Das Schneiderlein, nicht faul, las beide Taschen voll Steine und stieg damit auf den Baum. Als es in der Mitte war, rutschte es auf einen Ast, bis es gerade über die Schläfer zu sitzen kam, und ließ dem einen Riesen einen Stein nach dem anderen auf die Brust fallen. Der Riese spürte lange nichts, doch endlich wachte er auf, stieß seinen Gesellen an und sprach: »Was schlägst du mich?« – »Du träumst«, sagte der andere, »ich schlage dich nicht.« Sie legten sich wieder zum Schlaf, da warf der Schneider auf den zweiten einen Stein herab. »Was soll das?«, rief der andere, »warum wirfst du mich?« – »Ich werfe dich nicht«, antwortete der erste und brummte. Sie zankten sich eine Weile herum, doch weil sie müde waren, ließen sie's gut sein, und die Augen fielen ihnen wieder zu. Das Schneiderlein fing sein Spiel von Neuem an, suchte den dicksten Stein aus und warf ihn dem ersten Riesen mit aller Gewalt auf die Brust. »Das ist zu arg!« schrie er, sprang wie ein Unsinniger auf und stieß seinen Gesellen wider den Baum, dass dieser zitterte. Der andere zahlte mit gleicher Münze, und sie gerieten in solche Wut, dass sie Bäume ausrissen, aufeinander losschlugen, so lang, bis sie endlich beide zugleich tot auf die Erde fielen. Nun sprang das Schneiderlein herab. »Ein Glück nur«, sprach es, »dass sie den Baum, auf dem ich saß, nicht ausgerissen haben, sonst hätte ich wie ein Eichhörnchen auf einen andern springen müssen: doch unsereiner ist flüchtig!«

In den vorangegangenen Abschnitten hatten wir die Riesen als Symbole für destruktive Größen- und Heldenphantasien gedeutet, die sich in einer Überbewertung und Vereinseitigung solcher Werte wie Größe, Stärke, Kampf, Sieg, Herrschaft und Macht äußern. Jetzt wollen wir den Deutungsschwerpunkt auf einige bisher nur indirekt besprochene Aspekte, die mit dem negativ-heroischen Bewusstsein eng verbunden sind, legen. Aus dem Märchen erfahren wir, dass im Wald des königlichen Reiches zwei Riesen hausen, die mit Rauben, Morden, Sengen und Brennen großen Schaden anrichten. Niemand kann sich ihnen nähern, ohne sich in Lebensgefahr zu bringen. Auch in anderen Sagen und Märchen werden Riesen als leicht reizbar, streitsüchtig und brutal dargestellt, sie verkörpern blindwütige, aggressive und gewalttätige Affekte des Menschen. Über die Entstehungsbedingungen solcher Affekte gibt es viele Theorien. Eine von ihnen besagt, dass Aggressionen dann in uns entstehen, wenn unsere natürlichen Lebensäußerungen und Lebensbedürfnisse übermäßig eingeschränkt werden, wie zum Beispiel unsere Sexualität, unsere Gefühle und unsere Selbstbestimmung. Wenn wir dann aus Angst vor Ablehnung unsere Enttäuschung, Trauer und Wut über die Unterdrückung unserer Lebendigkeit nicht einmal mehr auszudrücken wagen, dann staut sich unsere Aggression ins Riesenhafte.

Zu den fundamentalsten Bedürfnissen unseres Lebens gehören Geborgenheit, Zugehörigkeit zu anderen Menschen, Liebe, Anerkennung, Wertschätzung und Authentizität, also unser Wunsch, derjenige sein zu können, der wir sind, mit all unseren Schwächen und Stärken. Diese Bedürfnisse werden aber von der negativ-heroischen Lebenseinstellung so tiefgehend verdrängt, dass die damit verbundene Selbstentfremdung und Entmenschlichung bei den meisten Menschen unserer Gesellschaft zu weitgehend unbewusster, grenzenloser Wut und Aggressivität geführt hat. Aber auch noch aus einem anderen Grunde nähren negativ-heroische Werte unsere Reizbarkeit und Aggression. Wir hatten ja bereits gesehen, dass, je mehr wir uns mit diesen Werten identifizieren, desto größer das ihnen entsprechende untergründige Ohnmachts- und Minderwertigkeitserleben sein muss. Bleibt uns letzteres unbewusst, dann entwickelt sich aus der Wechselwirkung zwischen Ohnmacht und Allmacht ein verheerender Teufelskreislauf: Das unbewusste Minderwertigkeitsgefühl erzeugt in uns eine ständige innere Verunsicherung und Angst. Wir fühlen uns schnell von anderen angegriffen und reagieren auf jede vermeintliche Kränkung sofort mit einer Verstärkung unserer Potenzdemonstration. Da die Verstärkung dieser Allmachtspose uns aber immer weiter von unserem tatsächlichen Wesen entfernt, wächst unser Unsicherheitsgefühl und die Angst, dem nach außen dargestellten Anspruch nicht gerecht werden zu können. Deshalb sind heroische Menschen häufig so leicht reizbar und so sehr auf ihre Ehre, ihren Stolz und ihre Würde bedacht, weil sie genügend heimlichen Grund haben, diese bei sich zu bezweifeln. Ihr Anspruch, immer ernst genommen zu werden, weist darauf hin, wie lächerlich zu sein sie befürchten. Denken wir nur daran, wie der Riese auf dem Berg, dem das Schneiderlein nach seinem Aufbruch in die Welt begegnet ist, auf dessen freundlichen Gruß reagiert hat: »Du Lump! Du miserabler Kerl!« Offenbar fühlte er sich schon dadurch stark verunsichert, dass ein so schmächtiger, kleiner Kerl es wagte, ihm ohne Angst zu begegnen. So sind von Heldenphantasien aufgeblasene Menschen wie ein Pulverfass, das nur eines kleinen Funkens bedarf, um zu explodieren. C. G. Jung schreibt dazu: »Ein aufgeblasenes Bewusstsein ist immer egozentrisch und nur seiner eigenen Gegenwart bewusst … Es ist von sich selber hypnotisiert und lässt darum auch nicht mit sich reden. Es ist daher auf Katastrophen angewiesen, die es nötigenfalls totschlagen.«[18]

Das Schneiderlein steht also jetzt vor der Aufgabe, mit diesen Riesenaffekten so umzugehen, dass sie keinen weiteren Schaden mehr anrichten. Aus eigener vorangegangener Erfahrung kennt es deren Eigenart und Reaktionsweise, so dass es ihnen nicht mehr verfällt, sondern sie sogar als Waffe gegen sie selbst einsetzen kann. Es setzt Affekt gegen Affekt, um deren Destruktivität zu überwinden. Was das genauer heißen mag, wollen wir etwas später überlegen. Zunächst wollen wir uns noch eine typische Reaktionsweise der Riesen, auf die das Schneiderlein seine Taktik aufbaut, ansehen.

Das Schneiderlein geht davon aus, dass die Riesen aufgrund ihrer Empfindlichkeit und Kränkbarkeit von ihrer einmal gefassten Meinung, der jeweils andere habe sie beworfen, nicht abgehen werden und sich so in einen tödlichen Kampf hineintreiben lassen. Wer kennt nicht diesen Aufschaukelungseffekt, den uns das Schneiderlein da mit den Riesen mustergültig vorexerziert, wo ein kleiner Anlass sich zu einem mörderischen Krieg ausweitet! Nicht nur die Weltgeschichte, sondern auch unsere alltäglichen Beziehungsgeschichten liefern uns beeindruckende Beispiele für die blinde Macht der Riesenemotionen in uns. Folgendes Beispiel ist frei erfunden, und etwaige Übereinstimmungen mit uns wären rein zufällig:

Ein Mann sitzt am Samstagabend hinter seiner Zeitung. Es ist eine gewisse Beziehungssättigung und allgemeine Unlust in ihm. Er kann sich selbst gerade nicht besonders leiden, auch der Partner ist ihm gleichgültig, und er tut so, als wolle er seine Ruhe. Wahrscheinlich aber wäre er ganz froh, er könnte irgendwo seine Unzufriedenheit und die damit verbundene Aggression ablassen. Die Frau spürt die Spannung ihres Mannes. Sie fühlt sich verunsichert, besorgt, verärgert, weil sie sich den Abend anders vorgestellt hatte und gerade jetzt ein starkes Bedürfnis nach liebevoller Zuwendung verspürt. Sie fragt in einem ängstlich-aggressiven Ton: »Ist was mit dir?« Der Mann empfindet diese Frage als lästig, er will jetzt nicht (schon wieder) über seine Gefühle und Probleme reden, meint, er wolle seine Ruhe, und antwortet seiner Frau in gleichgültig-sein-sollender, aber gereizter Weise: »Nein, es ist nichts.« Natürlich spürt er, dass seine Antwort im Gegensatz zu seinem Verhalten steht und seine Frau nicht zufriedenstellen wird. Er hofft ja heimlich, dass sie weitermacht und ihm dadurch die Gelegenheit zu einem Streit gibt. Er übermittelt ihr eine doppelte Botschaft: »Lass mich in Ruhe« und »Frag mich weiter«. Dadurch kann er sich später vormachen, er hätte den Streit nicht angefangen.

Die Frau reagiert wie insgeheim erwünscht: »Ich merke doch, dass mit dir etwas nicht stimmt.« Hier hätte sie nun noch innehalten und die Sache in ein anderes Fahrwasser bringen können, aber ihr innerer Riese hat seine Chance gewittert, sich etwas Aktivität zu verschaffen. Er meint, es sei nun an der Zeit, zurückzuschlagen. Deshalb redet sie gleich weiter: »Nie sagst du mir, was wirklich in dir vorgeht.« Damit sagt sie ihrem Mann so beiläufig, dass er ein partnerschaftsunfähiger, notorischer Lügner ist.

»Hör auf, mich auszufragen und auszuhorchen; lass mich in Ruhe!« Der andere Riese ist nun auch ganz aufgewacht. Er weiß, dass die Frau sich ihre Anteilnahme am Partner nicht gern als Aushorchen interpretieren lässt, und schlägt damit zurück, dass er behauptet, sie wolle ihn ausspionieren, damit sie ihn kontrollieren und beherrschen könne. Damit der Kampf in Gang bleiben und eskalieren kann, verteidigt sich nun jeder durch eine geschickte Auswahl von Reizworten, die der gemeinsamen Partnergeschichte entstammen, so dass der andere sich gleichzeitig getroffen und verletzt fühlt: »Du bist genauso verstockt wie dein Vater. Du weißt ja, wohin das bei deinen Eltern geführt hat.« Sie vergleicht ihn mit seinem Vater, unter dessen autoritärer und wortkarger Erziehung er selbst gelitten hat, so dass er immer versuchte, anders zu sein als er. Da trifft es ihn natürlich besonders hart, dass er so sein soll wie sein Vater. Außerdem droht sie mit der gescheiterten Ehe der Eltern.

»Heute kann ich meinen Vater auch besser verstehen. Meine Mutter hat an ihm genauso ständig herumgenörgelt wie du an mir.« Er nimmt den ihm unangenehmen Vergleich mit seinem Vater an, um ihr eins auswischen zu können, indem er sie mit seiner Mutter, die sie wiederum nicht ausstehen kann, vergleicht. Er wirft ihr Nörgelei vor, was sie nun ganz und gar hasst, weil das seit langem einer seiner Standardvorwürfe ist.

»An dir kann man auch nur noch herumnörgeln. Seit unserer Heirat hast du dich immer mehr gehen lassen. Du bist dick, langweilig und bequem geworden. Du bist auch gar nicht mehr nett zu mir!«

»Bevor du an mir herumnörgelst, stell dich doch erst einmal selbst vor den Spiegel. Manchmal überlege ich mir allen Ernstes, ob das überhaupt noch die Frau ist, die ich einmal geheiratet habe. Du hast nur noch die Kinder und den Haushalt im Kopf. Außerdem ist deine Figur auch nicht mehr die, die sie einmal war. Manchmal muss ich mich direkt überwinden, um mit dir zu schlafen!« (Ring frei zur letzten Runde!)

Sie weint und fängt an zu schreien: »Du gemeiner, niederträchtiger Lump! Das sagst du mir nicht noch einmal. Was bildest du dir eigentlich ein, wer du bist? Geh doch zu den Nutten, damit du endlich mal wieder einen richtig hochkriegst. Aber glaube nur nicht, dass die so viel Zeit und Geduld damit haben wie ich bisher. Du bist ein Scheusal, du ekelst mich an! Ich hasse dich! Ich könnte dich…«

»Schrei hier nicht so hysterisch rum. Du gehörst ja in ein Irrenhaus. Ich warne dich. Hör auf, mich zu schlagen…«

Das Ende dieses Dialogs sich auszumalen sei den Phantasien und Erfahrungen des Lesers überlassen. Während wir uns aber den Ausgang des Riesenkampfes in düsteren Farben ausmalen, liegt unser Paar vielleicht schon wieder versöhnt im Bett und glaubt sich zu lieben wie noch niemals zuvor.

Wenn wir also jetzt darangehen, uns zu fragen, wie wir mit solchen Affekten am konstruktivsten umgehen können, müssen wir uns vor allem vor Augen führen, dass sie meist nur deshalb ein solch destruktives Ausmaß annehmen, weil wir sie nicht rechtzeitig mitleben lassen. Aggressionen sind grundsätzlich notwendige Kräfte zur Selbsterhaltung und Selbstverwirklichung. Ohne die Fähigkeit, auf das Leben mit Ansprüchen und Forderungen zuzugehen oder sich den Einflüssen der Umwelt gegenüber abzugrenzen, ist schöpferisches, eigengestalterisches Leben nicht möglich. Hinter manch sinnlos erscheinender Aggression steht der Drang des Lebens nach Entwicklung und Veränderung, nach der Überwindung festgefahrener und erstarrter Lebensformen. Selbst die zarteste Pflanze bedarf einer unnachgiebigen Aggression, um durch die verkrustete Erde hindurchbrechen und ihre Blüte der Sonne öffnen zu können. Unsere bedrohlich erscheinenden Riesenemotionen wie Rachsucht, Zorn, Gier, Neid, Eifersucht und Hass sind so gesehen negativ gewordene, übersteigerte Ausdrucksformen des Selbsterhaltungstriebes eines unterdrückten und gequälten Wesens.

Als nächstes müssen wir verstehen, dass wir jene Kräfte in uns, vor deren Gewalt wir uns so fürchten, mit eben der gleichen Gewalttätigkeit unterdrücken. Eine aufgestaute Energie bedarf einer gleich großen, wenn nicht noch größeren Gegenenergie, um nicht durchzubrechen. Indem wir die Gewalttätigkeit in uns verdrängen, sind wir genauso gewalttätig. Deshalb müssen wir versuchen, diese beiden gewalttätigen Kräfte, die sich in erstarrten Fronten gegenüberstehen, in Bewegung und in Kontakt zueinander zu bringen. Das geht natürlich nicht allein durch das Denken, sondern nur durch ein ganzheitliches Einlassen auf sie, sie müssen auch gefühlt, körperlich empfunden und erlitten werden. Die moderne Psychotherapie kennt viele Methoden, um solche sich feindlich gegenüberstehenden Energiekomplexe miteinander in Dialog zu bringen. Will man beispielsweise versuchen, seine gewalttätigen Moral- und Idealvorstellungen in einen fruchtbaren Austausch mit seinen gewalttätig gewordenen Instinkt- und Triebseiten treten zu lassen, dann kann dies auf mehr sanfte Weise dadurch geschehen, dass man beide Seiten künstlerisch gestaltet (malt, modelliert, tanzt), imaginiert oder spielerisch übt. Eine direktere, härtere Form ist, sich abwechselnd mit beiden Parteien zu identifizieren und den Streit auszufechten. Man lässt zum Beispiel seine Rachsucht mit jener anderen Instanz kämpfen, die von einem immer verlangt, dass man als Idealmensch doch über den Dingen stehen solle. So eine Auseinandersetzung kann je nachdem, wie groß die Angst und die Spaltung zwischen den Seiten ist, sehr lange Zeit benötigen. Indem man es aber immer wieder wagt, die feindlichen Anteile nach der Methode des Schneiderleins zur Auseinandersetung miteinander zu reizen und zu provozieren, verlieren sie nach und nach ihre destruktive Energie. Sie können schließlich so uninteressant werden wie ein Spielzeug, dem man entwachsen ist. Das ganze, vordem vielleicht so ängstigende, brennende Problem ist für einen dann »gestorben«, und die Energie, die in dem Konflikt gebunden war, steht jetzt für sinnvollere Aufgaben zur Verfügung.

Auch in partnerschaftlichen Konfliktsituationen ist es oft notwendig, dem Affekt-Riesen in uns genügend Ausdruck zu verschaffen, damit wir spüren können, worunter wir eigentlich leiden. Wenn wir merken, dass unser Riese wieder einmal – vielleicht auch aus uns nicht näher verständlichen Gründen – große Lust hat, sich Bewegung zu verschaffen, und sich zum Kampf bereit macht, dann können wir zum Beispiel so zu ihm sprechen: »O.K., alter Freund, du brauchst also wieder mal Action. Du musst mal wieder beweisen, wer du bist. Einverstanden. Zeig ruhig mal, was du kannst. Aber du weißt: Tiefschläge sind verboten. Du kannst behende, schlagfertig, ausdauernd sein, aber keine Tiefschläge. Und nicht länger als fünfzehn Minuten. So, und jetzt hinein in den Kampf.« Indem man das tut, verschreibt man sich den Streit selber, man akzeptiert seine aggressive Lust und gewinnt eine entspanntere, spielerischere und distanziertere Haltung. Dadurch verfällt man nicht so leicht unbewussten Reaktionsmechanismen.

Wenn dann die Schlacht geschlagen ist und beide Parteien sich etwas beruhigt haben, kann man sich zu zweit oder auch allein die Frage stellen, wo denn nun das Schneiderlein gesessen haben mag, das die Steine des Anstoßes geworfen hat. Wir können davon ausgehen, dass gerade bei unverständlichen Streitereien das Schneiderlein in uns die Absicht hatte, auf verdrängte Bedürfnisse und Konflikte hinzuweisen. Das Schneiderlein arbeitet auf Veränderung des Beziehungssystems hin, und seine aufreizenden Steinwürfe zielen darauf ab, festgefahrene, feindlich zueinander stehende Beziehungsmuster aufzulösen. Wenn wir also nach einem Streit danach fragen, wo das Schneiderlein gesessen hat, dann fragen wir danach, was die mehr oder weniger geheimen Auslöser der Streitlust waren.

Wir wissen oder spüren meistens ziemlich deutlich, dass sich hinter vordergründigen Streitthemen ganz andere Motive verstecken. War es ein unverarbeiteter Ärger im Beruf, mit dem Partner, den Kindern, den Nachbarn? Gibt es irgendwo heimliche Sorgen und Ängste, die man sich noch nicht zugestanden hat? Fühlen wir uns sexuell zu kurz gekommen? Hat einen der Partner irgendwann sehr enttäuscht, ohne dass man es ihm gesagt hat? Es gibt aber auch Fälle, wo man auch bei bestem Bemühen keinen Anhaltspunkt für seine aggressive Gereiztheit findet. Dann hat sich das Schneiderlein zu gut versteckt und weiß sich geschickt zu tarnen. Wir wissen ja: Schneiderlein sind listig, geschwind und flüchtig. Häufen sich solche Fälle unerklärlicher Aggression, dann ist es gut, einen Fachmann aufzusuchen, der sich mit den Tricks des Schneiderleins auskennt und weiß, wo es sich am liebsten aufhält. Oft erweist sich dann die Suche nach dem Schneiderlein als hilfreich und konstruktiv. Man mag dann entdecken, dass es etwas in Bewegung gebracht hat, was vielleicht zunächst als sehr schmerzvoll empfunden wurde, aber schließlich doch eine Erweiterung und Vertiefung des Lebens ermöglicht.

Das verbohrte Einhorn

Er brauchte nicht lange zu suchen, das Einhorn kam bald daher und sprang geradezu auf den Schneider los, als wollte es ihn ohne Umstände aufspießen. »Sachte, sachte«, sprach er, »so geschwind geht das nicht«, blieb stehen und wartete, bis das Tier ganz nahe war, dann sprang er behendiglich hinter den Baum. Das Einhorn rannte mit aller Kraft gegen den Baum und spießte sein Horn so fest in den Stamm, dass es nicht Kraft genug hatte, es wieder herauszuziehen, und so war es gefangen. »Jetzt hab ich das Vöglein«, sagte der Schneider, kam hinter dem Baum hervor, legte dem Einhorn den Strick erst um den Hals, dann hieb er mit der Axt das Horn aus dem Baum, und als alles in Ordnung war, führte er das Tier ab und brachte es dem König.

Mit der Überwindung der Riesen hat uns das Schneiderlein gezeigt, wie Probleme der Aggression und Gewalt, die auf eine krankmachende Spaltung von Grundbedürfnissen in der Seele des Menschen zurückzuführen sind, durch einen dialogischen Prozess von Auseinandersetzung und Annäherung gelöst werden können. Bei seiner nächsten Aufgabe – dem Einfangen des wilden Einhorns, das im Walde der unbewussten Seelenbereiche des Menschen großen Schaden anrichtet – wird es nun mit einer Macht konfrontiert, die in hohem Maße verantwortlich ist für das Auseinanderreißen und Vereinseitigen von Gegensatzpaaren, die im Sinne eines Ergänzungsverhältnisses zusammengehören.

Was ist das für ein merkwürdiges Tier, das auf den Schneider losstürmt, einem gereizten Nashorn oder einem wütenden Stier gleich, und das er mit torerohafter Geschicklichkeit bezwingt?

Dem Einhorn als Fabelwesen wurden, wie auch den Riesen, von alters her ambivalente Eigenschaften zugeschrieben. Insgesamt erscheint es aber eher als positive Gestalt mit heldenhaften Zügen, so dass es häufig als Wappentier Verwendung fand. Als solches repräsentierte es göttliche oder königliche Herrschaft, Stärke und Macht, aber auch Lebenskraft und furchtlose Selbständigkeit. Sein eines Horn weist auf die Fähigkeit hin, konzentriert, geradlinig und kraftvoll in einen Sachverhalt einzudringen und vorzustoßen.

Wenn wir hierbei von der offensichtlichen phallisch-sexuellen Symbolik absehen – das Thema der Sexualität kehrt noch drastischer in der letzten Prüfung des Schneiderleins wieder –, können wir das Einhorn als Sinnbild für zielstrebige, aggressive Energie verstehen, die es ermöglicht, sich mit Entschlossenheit, Mut und Konsequenz seinen Weg zu bahnen und sich in neue geistige Dimensionen vorzuwagen. Im Vergleich zu den Riesen ist hier die aggressive Energie nicht stumpf und blind, sondern spitz und gerichtet. Dass das Horn seiner Stirn, dem Sitz des Geistes, entspringt, deutet darauf hin, dass vornehmlich eine geistige Aggressivität und Eindringlichkeit gemeint ist, die ja jedem Erkenntnisprozess zugrunde liegt. So gesehen ist das Einhorn auch ein Symbol des freien, alles durchdringenden Geistes, der aber äußerst destruktiv werden kann, wenn er nicht dem Leben verpflichtet ist. Dazu passt, dass man in ihm auch ein böses, wildes, grausames Tier sah und es mit dem Teufel als einer ungebändigten, dämonischen Naturmacht in Verbindung brachte. Der ungezähmte, zügellose, freie Geist kann ebensolche vernichtenden Wirkungen entfachen wie eine Naturkatastrophe. Das hängt mit seiner einerseits in begrenztem

Umfange notwendigen, andererseits aber äußerst verheerenden Neigung zusammen, den jeweiligen Standpunkt zu verabsolutieren und zu extremisieren. Und hierin liegt nun die besondere Gefahr, der das Schneiderlein im Einhorn begegnet.

Obwohl der Geist die Tendenz hat, das Bewusstsein des Menschen zu erweitern und neue Erkenntnisse zu gewinnen, indem er die zu erkennenden Inhalte von anderen Inhalten trennt, isoliert, zergliedert und unterscheidet, kann er sich selbst auch unbewusst werden und damit einer destruktiven Dynamik verfallen. Deshalb sprach Jung in diesem Zusammenhang von einem paradoxen Unbewusstwerden des Bewusstseins. Wird ein bewusster Standpunkt so dominant, dass er alle anderen Standpunkte ausschließt, bekämpft oder verdrängt, dann verliert er seine eigene Relativität. Er kann nicht mehr in Frage gestellt werden und wird unbewusst, das heißt, er entzieht sich bewusster Kontrolle. Man ist dann wie besessen von einem dämonischen Geist, der einen zu Fanatismus, Intoleranz, Rechthaberei, Prinzipienreiterei, Perfektionismus, einer übermäßigen Strenge und Härte sich selbst und anderen Menschen gegenüber treiben kann. Eine solche alles beherrschende »heilige« Überzeugung zwingt einen zu verbissener Ernsthaftigkeit und Wichtigkeit, so dass man »da einfach keinen Spaß mehr verstehen kann«. Typisch dafür ist die Humorlosigkeit autoritärer, dogmatischer und diktatorischer Persönlichkeiten, die mit Rücksichtslosigkeit und Verachtung die Auffassungen und Gefühle anderer Menschen überrennen. Ähnlich starre Einstellungen kennen wir aus unseren alltäglichen Diskussionen und Streitereien, die so unfruchtbar verlaufen, weil niemand von seinem Standpunkt ablassen will, oder auch aus solchen Situationen, wo uns blinder Eifer und Ehrgeiz weit über unser Ziel hinausschießen lassen. Wir können dann so fixiert und verbohrt in unsere Ideen sein – wir haben uns sprichwörtlich in sie »verrannt« –, dass wir mit dem Kopf durch die Wand wollen und dabei riskieren, uns in unser eigenes Unglück zu stürzen.

Die Gefährlichkeit des einhörnigen, einseitig ausgerichteten Geistes liegt also darin, dass er die Seele und die Welt des Menschen in scheinbar unvereinbare Gegensatzpaare wie gut und böse, richtig und falsch, positiv und negativ spaltet. Wenn aber die Seele des Menschen in feindliche Lager gespalten ist, dann sind auch seine Beziehungen, seine Partnerschaften, seine Familie, seine Lebens- und Berufsgemeinschaften gespalten. Sind aber seine Beziehungen gespalten, sind auch Umwelt, Gesellschaft, Kultur und Religion gespalten. Ist die Gesellschaft gespalten, dann sind auch die Nationen gespalten. Sind die Nationen gespalten, sind auch Erde und Kosmos gespalten.

Was können wir nun tun, wenn eigene oder fremde Einhörnigkeit uns und andere zu maßlosem, unnachgiebigem Verhalten und zur Aufspaltung in Freund und Feind hinreißen will?

Nach alter Überlieferung gibt es zwei besondere Methoden, mit denen das Einhorn gefangen werden kann. Nach der ersten sollte man eine reine Jungfrau in seine Nähe bringen, wenn es gejagt wird. Es flüchte dann in den Schoß der Jungfrau, könne von ihr gezähmt und in den Palast des Königs gebracht werden. Die zweite Methode ist eine drastischere Variante der ersten, ihrer bedient sich auch das Schneiderlein. So gibt es Sagen vom Kampf eines Löwen mit einem Einhorn, in denen sich der Löwe vor einen Baum stellt und dem anstürmenden Einhorn dann so blitzschnell ausweicht, dass es sein Horn tief in den Stamm einbohrt und dadurch wehrlos wird.[19]

Das bedeutet also, dass die gewalttätige Stoßkraft des Geistes hier nicht durch Gegengewalt, sondern durch das ihm gegensätzliche Prinzip des sanften, aufnahmebereiten Annehmens und Mitgehens gezähmt wird. Die im positiven Sinne passive, hingebungsvolle, abwartende Jungfrau und das nachgiebige, weiche, aber in seiner Weichheit auch starke Holz des mütterlichen Lebensbaums bieten dem Angriff der drängend-aggressiven Impulse des Einhorns keinen kämpferischen Widerstand, so dass sie sich auflösen oder in sich selbst festrennen.

Den Angriff des Gegners so zu nutzen, dass er ins Leere läuft, in seiner Wirkung verpufft und schließlich sich sogar gegen den Angreifer selbst wendet, ist die Grundlage vieler asiatischer Kampftechniken, zum Beispiel des Judo, der »sanften« Kunst der Selbstverteidigung; sie spielt auch beim Ringen, Boxen und Fechten eine wichtige Rolle. Ein rhetorischer Trick, der in Diskussionen Anwendung findet, besteht darin, dass man seinen »Gegner« zu extremen Äußerungen provoziert, um ihn auf diese Weise leichter widerlegen zu können oder als unglaubwürdig erscheinen zu lassen. Lebenskunst ist in vielerlei Hinsicht auch so etwas wie ein psychologisches Jiu-Jitsu: Überall, wo sich Menschen und Probleme, seien sie innen oder außen, als einhörnig, das heißt hartnäckig, penetrant und extremisierend erweisen, kann man versuchen, sie dadurch zu überwinden, dass man mit ihnen mitgeht und die in ihnen enthaltene Energie sich in sich selbst verlaufen lässt, wodurch sie sich aufhebt.

Wir haben ein solches Vorgehen bereits im Kapitel über die sanfte Kunst der Umdeutung kennengelernt. Indem ein Problem in einen Zusammenhang gestellt wird, wo es erlaubt und berechtigt ist, wird es unproblematisch und verschwindet. Stellen Sie sich die verblüffende Wirkung vor, die entsteht, wenn Sie einem Menschen, der gerade beginnt, Sie anzugreifen, zu kritisieren und zu beschimpfen, freundlich sagen: »Ich glaube, Sie haben ganz recht mit Ihren Vorwürfen. Ich habe mich wirklich nicht gut verhalten.« Die Wirkung ist möglicherweise, dass der Betreffende überrascht innehält, sprachlos wird und einige hilflose Bewegungen macht, weil er dieses Zugeständnis von Ihnen am wenigsten erwartet hätte. Sie haben ihm seine Angriffsfläche entzogen, und jetzt dauert es eine Weile, bis er sich aus seiner Verwirrung erholt und sich auf die neue Situation eingestellt hat.

Dieses Zustimmen lässt sich auf viele Probleme übertragen, die durch Einhörnigkeit, Dickköpfigkeit und Zwanghaftigkeit entstehen. Zum Beispiel wird in der Therapie mit einem Paar, das unter sexueller Impotenz leidet, vertraglich vereinbart, dass es für eine bestimmte Zeit, ein oder mehrere Monate, sexuell enthaltsam leben soll. Es darf zwar Zärtlichkeiten austauschen, aber keinen Intimverkehr haben. Dadurch werden sie von ihrem einhörnigen Druck, mit Gewalt einen Verkehr herbeiführen zu müssen, um ihr Problem zu lösen, befreit. Die Zustimmung zur sowieso vorhandenen Enthaltsamkeit (die Impotenz wird hier als erwünschte und berechtigte Enthaltsamkeit umgedeutet) führt in der Regel dazu, dass es zu einem spontanen, vom Leistungsdruck befreiten Intimverkehr und damit zum Bruch des therapeutischen Vertrages kommt, was ja der geheime Zweck des Vorgehens war. Noch ein anderes Beispiel sei angeführt: Ein Lehrer steht in seiner neuen Klasse vor dem Problem, dass ein Schüler in einer Unterrichtsstunde wiederholt mit Händen und Füßen zu trommeln beginnt, so als würde er Schlagzeug spielen. Gutes Zureden und Ermahnungen haben jeweils nur kurzfristige Wirkung. Der Lehrer spürt, dass der Schüler auf diesem Wege unbewusst versucht, Aufmerksamkeit und Anerkennung zu bekommen, und dabei auch in Kauf nimmt, Aggressionen beim Lehrer und den Mitschülern zu wecken. Provokation scheint die letzte Möglichkeit für ihn zu sein, Bestätigung zu erhalten. Als er wieder mit Trommeln anfängt, unterbricht der Lehrer seinen Unterricht, bittet die restliche Klasse um Ruhe und lässt sie dem Trommelsolo eine Weile zuhören. Der Trommler beendet bald etwas verlegen seine Darbietung, und der Lehrer spricht mit ihm über das Trommeln. Er bittet ihn, ihm und der Klasse, wenn er wieder einmal Lust dazu hat, eine weitere Probe seines Könnens zu geben; er könne sich ruhig melden, könne auch nach vorne kommen und man werde ihm dann gern etwas Zeit dazu einräumen. Diese Regelung hatte zur Folge, dass der Schüler sein störendes Trommeln einstellte.

In den vorangegangenen Kapiteln hatten wir Lebenskunst als die Kunst beschrieben, so gut es geht die eigene Mitte zu bewahren, wobei mit der eigenen Mitte kein statischer Ruhepunkt gemeint ist, sondern ein dynamisches Kreisen oder Pendeln um die Mitte. Das Einhorn stellt nun jene Kraft dar, die uns zwar im Sinne einer Lebenserweiterung vorwärts treibt, aber auch dazu verführt, dass wir unsere Mitte verlassen und uns in Extreme verrennen. Um dieser Gefahr vorzubeugen, gibt es einige kleine, aber wirksame Hilfsmittel. Das erste ist, dass wir uns auf unsere Einhörnigkeit sensibilisieren. Sie zeigt sich in Unlust- und Ärgerreaktionen auf die Ansichten von anderen Menschen, in unserem erhobenen Zeigefinger (in dem sich autoritäre, aggressive Eindeutigkeit und Rechthaberei ausdrückt), in einer zu aufrechten oder starren Körperhaltung, unterstützt vielleicht durch einen zu hoch erhobenen Kopf, und im Gebrauch von Absolutheits- und Ausschließlichkeitsbegriffen wie: immer, nie, auf keinen Fall, endgültig, das ist richtig, das ist falsch, unmöglich, nichts als, einzig und allein.

Wenn wir solche Einhörnigkeitsanzeichen bei uns feststellen, aber nicht sehen können, wieso es sich bei ihnen nicht um letzte Wahrheiten handelt und wieso sie einseitig sind, dann können wir versuchen, den eigenen Standpunkt am ihm gegensätzlichen Standpunkt zu überprüfen. Psychologische Untersuchungen haben gezeigt, dass Einstellungsveränderungen am schnellsten geschehen, wenn wir uns mit der uns entgegengesetzten Einstellung identifizieren (zum Beispiel in einem gespielten Rollentausch). Wir können die Situation eines anderen Menschen am besten verstehen, wenn wir einmal selbst in seiner Lage gewesen sind. Eine weitere Möglichkeit besteht darin, dass man seinen Standpunkt künstlich ins Extrem treibt, um dann seine Schwäche und Einseitigkeit besser wahrnehmen zu können. Wenn es uns auf diese Weise gelingt, das Einhorn in uns zu zähmen, dann können wir seine Begeisterungsfähigkeit und seinen Tatendrang um so mehr genießen.

Das Schwein in der Kirche

Der König wollte ihm den verheißenen Lohn noch nicht gewähren und machte eine dritte Forderung. Der Schneider sollte ihm vor der Hochzeit erst ein Wildschwein fangen, das in dem Wald großen Schaden tat; die Jäger sollten ihm Beistand leisten. »Gerne«, sprach der Schneider, »das ist ein Kinderspiel.« Die Jäger nahm er nicht mit in den Wald, und sie waren's wohl zufrieden, denn das Wildschwein hatte sie schon mehrmals so empfangen, dass sie keine Lust hatten, ihm nachzustellen. Als das Schwein den Schneider erblickte, lief es mit schäumendem Munde und wetzenden Zähnen auf ihn zu und wollte ihn zur Erde werfen: Der flüchtige Held aber sprang in eine Kapelle, die in der Nähe war, und gleich oben zum Fenster in einem Satz wieder hinaus. Das Schwein war hinter ihm hergelaufen, er aber hüpfte außen herum und schlug die Türe hinter ihm zu; da war das wütende Tier gefangen, das viel zu schwer und unbehilflich war, um zu dem Fenster hinauszuspringen. Das Schneiderlein rief die Jäger herbei, die mussten den Gefangenen mit eigenen Augen sehen: Der Held aber begab sich zum Könige, der nun, er mochte wollen oder nicht, sein Versprechen halten musste und ihm seine Tochter und das halbe Königreich übergab.

Mit seinem letzten Meisterstück gelingt unserem »flüchtigen Helden« nun noch die Aufhebung einer Spaltung, die unsere christlich-abendländische Kultur seit Jahrhunderten bis zum heutigen Tage in hohem Maße belastet und aus dem Gleichgewicht gebracht hat. Es gelingt ihm, das Schwein in die Kirche zu bringen. Hiermit ist weniger die Überwindung der Spaltung gemeint, die sich aus dem Gegensatz von dem Schwein als einem matriarchalen Fruchtbarkeitssymbol und den patriarchalen Religionsformen ergibt, sondern vielmehr diejenige, die aus der Spannung zwischen »höheren«, geistigen Lebenswerten und den »unteren« Instinkt- und Triebbereichen des Menschen entsteht. Untersuchen wir, in welchen Redensarten und assoziativen Zusammenhängen das Wort »Schwein« oder »Sau« auftaucht, dann stoßen wir auf Eigenschaften, die einem starken Tabu unterworfen sind: Wollust, undisziplinierte Gefräßigkeit, Faulheit und Trägheit, Maßlosigkeit, Wühlen im Schmutz und Dreck, Unreinheit, Niedrigkeit, Verrohung, Dummheit und blinde Aggressivität. Wir spüren in diesen Begriffen unsere tiefe Verachtung gegenüber einer »primitiven«, naturhaften Instinktwelt. Könnten wir uns aus unserer anerzogenen Körper- und Triebfeindlichkeit lösen, die in solchen negativen Projektionen auf das Schwein sichtbar wird, dann könnten wir erfahren, dass in den ihm zugeordneten Eigenschaften eine Menge urtümlicher Vitalität, Genussfähigkeit und Lebenslust steckt. Von alters her aber haben sich die verschiedensten religiösen Systeme bemüht, diese Seiten im Menschen abzutöten: durch Gebete, Meditations- und Konzentrationstechniken, Willensschulung, Vegetarismus, Abhärtung, asketische Übungen wie Enthaltsamkeit und Fasten, Kasteiung, Selbstbestrafung und Geißelung.

So wichtig es auch für unsere Entwicklung zum autonomen und gesellschaftsfähigen Individuum ist, in gewissen Grenzen Triebverzicht und Triebaufschub zu leisten, so darf doch nicht von der psychologisch verkehrten Vorstellung ausgegangen werden, das vitale, instinktive Leben des Menschen lasse sich durch Zucht, Willen und Verstand überwinden. Auch heute noch bauen utopische Ideologien und

Menschenverbesserungsmodelle auf der Vorstellung auf, der Mensch werde sich, wenn er die Richtigkeit der vom Verstand konstruierten Ideale eingesehen habe, entsprechend ändern können. Die meisten dieser Modelle scheitern aber daran, dass sie nicht von der Ganzheit des Menschen ausgehen, sondern ihn statt dessen in ein Prokrustesbett idealistischer und einseitiger Ideen hineinspannen wollen, was schließlich kranke, innerlich zerrissene Menschen hervorbringt. Je mehr wir uns bemühen, das »Schwein in uns« zu unterdrücken, desto mehr drängt es sich in Phantasien, Ersatzhandlungen und Krankheitssymptomen auf.

Dem heiligen Antonius wird häufig das Schwein als Attribut beigefügt, weil er Patron der Haustiere ist und die Antonitermönche Landwirtschaft und Schweinezucht betrieben haben. Wenn man will, kann man darin auch eine psychologisch sehr treffende Ironie erblicken, denn wir wissen, dass der heilige Antonius von besonders ausgeprägten sündig-teuflischen Versuchungen und Visionen gepeinigt wurde. In seiner Beschäftigung mit den Schweinen fand er vielleicht eine Möglichkeit, seine verdrängten »schweinischen« Seiten in sublimierter Weise mitleben zu lassen.

Da sich die Symbolik des Schweins besonders auf die Anal-, Genital- und Bauchregion bezieht, werden diese auch in ihrer gesunden Funktion stark beeinträchtigt, wenn das »Schwein in uns« beeinträchtigt wird. Verschiedene neurotische und psychosomatische Erkrankungen sind Ausdruck dessen, dass sich unser »inneres Schwein« dann gewaltsam seinen Raum schafft. In der Zwangsneurose verursacht es Schmutz- und Versündigungsphantasien, die nur unter größter Anstrengung durch Wasch-, Putz- und Sauberkeitsrituale etwas gebändigt werden können. In den depressiven und oralen Neurosen macht es sich breit in Form von Passivität und Trägheit, Fress- und Magersucht, Alkoholismus und anderen Suchtformen. Schließlich kann es im körperlichen Bereich Durchfall- und Verstopfungssymptome, Magen-, Darm- und Hauterkrankungen sowie sexuelle Störungen hervorrufen.

Der verzweifelte Versuch, uns innerlich und körperlich sauber und rein zu halten, trägt auch in hohem Maße zur Umweltzerstörung bei. Wasch-, Reinigungs- und Lösungsmittel verunreinigen unsere Flüsse, gefährden den Fischbestand, vergiften das Grundwasser und damit das Trinkwasser; hygienische und adrette Verpackungen lassen uns gerne die Verschwendung der Rohstoffe und die sich ausbreitenden Müllhalden vergessen. Dass das Schwein im dunklen Walde unserer Seele destruktiv geworden ist, weil wir es unterdrückt haben, äußert sich also nicht nur in individuellen Störungen, sondern auch in der drohenden Vernichtung unserer Umwelt.

Das Schneiderlein löst dieses Problem, indem es das Wildschwein in die Kapelle sperrt, also, symbolisch gesehen, scheinbar unversöhnliche Gegensätze miteinander verbindet. Stellen wir uns aber einmal das Schwein in der Kapelle vor: Genausowenig, wie es hier sogleich in heilige Andacht verfallen wird, sondern rast und tobt, so wenig wird auch diese Gegensatzvereinigung in unserer Seele ohne Konflikte und Turbulenzen abgehen können. Sicherlich werden dabei einige unserer geheiligten Auffassungen und moralischen Ideale stürzen. Indem wir aber lernen, das Religiöse im Triebhaften und das Triebhafte im Religiösen wahrzunehmen, erlösen wir das Triebhafte aus dem Bereich des Schmutzigen und Schlechten und befreien das Religiöse aus Sterilität und Scheinheiligkeit.

Jene unheilvolle Spaltung zwischen dem »oberen«, »guten« und »geistigen« Menschen und seiner »unteren«, »schlechten« Tierseele zu überwinden ist ein langer, oftmals peinlicher, aber insgeheim doch lustvoll befreiender Weg. Am leichtesten kann er betreten werden, indem wir unsere diesbezüglichen Phantasien, Gedanken, Träume, Gefühle und Regungen zulassen und annehmen. Wenn wir uns ganzheitlich erfahren wollen, dürfen wir das, was in uns ist, nicht verurteilen und verdammen, sondern müssen es anschauen und sagen: »Schön, dass du endlich da bist, jetzt möchte ich dich, so gut ich kann, kennen und verstehen lernen.« Auch was uns noch so peinlich, »pervers« und »schweinisch« erscheint, hilft uns ein Stück weiter, Zugang zur instinktiven Weisheit unseres Körpers zu finden.

Manchen kommen ihre Träume zu Hilfe und ermutigen sie, doch einmal »die Sau so richtig rauszulassen«. Ein Klient mit einer zwanghaften Persönlichkeitsstruktur und äußerst gehemmtem Triebleben träumte davon, bei Regen mit einer Frau in aller Öffentlichkeit auf der Straße zu schlafen. Während er auf ihr lag, bemerkte er zu seinem Erstaunen, dass sie ein Schwein war, das den Verkehr durchaus behaglich grunzend genoss. Drastischer hätte es ihm niemand sagen können, wessen er eigentlich bedürfte und wohin seine unbewussten Sehnsüchte gingen.

Möglicherweise müssen wir uns aber auch weit zurückwagen in die Phantasien unserer Kinderzeit, wo die Freude an den Empfindungen des Körpers, seinen Funktionen und Reaktionen, seinem Aufnehmen und Ausscheiden noch ungetrübt war. Versuchen wir uns zu erinnern, wie wir unseren Körper entdeckt haben, wie es war, nackt herumzulaufen und mit Wasser und Erde in Kontakt zu kommen, was wir alles probiert, gegessen und gerochen haben, welche Toiletten- und Badezimmererlebnisse wir hatten.

In der Frauenbewegung und bei körperorientierten psychotherapeutischen Methoden, wie sie zum Beispiel in der Bioenergetik, Eutonie und konzentrativen Bewegungstherapie entwickelt wurden, versucht man unmittelbar, körperliche Empfindungen und Bedürfnisse wahrzunehmen. Dies geschieht durch spezielle Körperübungen, durch Bewegungen, Berührungen und Massage. Menschen, denen es schwerfällt, ihren eigenen Körper zu berühren und auf diese Weise zu erkunden, welche Körperteile tabuisiert und welche spezifischen Empfindungen mit ihnen verbunden sind, wird empfohlen, ihren Körper jeden Tag sorgfältig mit einer Feuchtigkeitslotion einzureiben. Dies hat den doppelten Vorteil, dass die Haut zart bleibt und dass man auf diese Weise eine »Entschuldigung« dafür hat, seinen Körper überall anzufassen. Da solche Übungen auch dazu führen, dass man sich hinterher in seiner Haut »sauwohl« fühlt, sollte man sich ausreichend Zeit dafür gönnen.

Die Schwierigkeit mit solchen Übungen ist, dass wir aufgrund der oft lebenslangen Verdrängung und Unterdrückung dieser Lebensvitalität Angst haben, sie könnte uns überwältigen, oder, sprichwörtlich, die Sau könnte mit uns durchgehen. Das ist die übliche Furcht bei Verdrängungen: Die verdrängten Inhalte erhalten eine Bedeutung, die ihnen gar nicht zukommt. Unsere möglicherweise negativen Erfahrungen mit dem »Schwein in uns« sind meist gerade das Produkt der Verdrängung und wären nicht zustande gekommen, wenn wir freundlicher mit ihm umgegangen wären. Schlammpackungen und Bäder, den Körper bürsten und massieren, faulenzen und entspannen, lange schlafen, nach Lust und Laune essen und trinken, sich an erotischer Literatur erfreuen und sich ausgiebig Zeit zu sexuellem Genuss nehmen: das alles sind Möglichkeiten, dann und wann auch an sich selbst und die eigene Tierseele zu denken. Letztere wird sich für die ihr entgegengebrachte Zuwendung bei uns damit bedanken, dass sie uns größere Lebenslust und gesteigertes Wohlbefinden schenkt.

Der »missgeschickte« Traum

Die Hochzeit ward also mit großer Pracht und kleiner Freude gehalten und aus einem Schneider ein König gemacht.

Nach einiger Zeit hörte die junge Königin in der Nacht, wie ihr Gemahl im Traume sprach: »Junge, mach mir den Wams und flick mir die Hosen, oder ich will dir die Elle über die Ohren schlagen.« Da merkte sie, in welcher Gasse der junge Herr geboren war, klagte am anderen Morgen ihrem Vater ihr Leid und bat, er möchte ihr von dem Manne helfen, der nichts anders als ein Schneider wäre. Der sprach ihr Trost zu und sagte: »Lass in der nächsten Nacht deine Schlafkammer offen; meine Diener sollen außen stehen und, wenn er eingeschlafen ist, hineingehen, ihn binden und auf ein Schiff tragen, das ihn in die weite Welt führt.« Die Frau war damit zufrieden, des Königs Waffenträger aber, der alles mit angehört hatte, war dem jungen Herrn gewogen und hinterbrachte ihm den ganzen Anschlag. »Dem Ding will ich einen Riegel vorschieben«, sagte das Schneiderlein. Abends legte es sich zu gewöhnlicher Zeit mit seiner Frau zu Bett: als sie glaubte, es sei eingeschlafen, stand sie auf, öffnete die Türe und legte sich wieder. Das Schneiderlein, das sich nur stellte, als wenn es schlief, fing an mit heller Stimme zu rufen: »Junge, mach mir den Wams und flick mir die Hosen, oder ich will dir die Elle über die Ohren schlagen! Ich habe siebene mit einem Streich getroffen, zwei Riesen getötet, ein Einhorn fortgeführt und ein Wildschwein gefangen und sollte mich vor denen fürchten, die draußen *vor der Kammer stehen!« Als diese den Schneider also sprechen hörten, überkam sie eine große Furcht; sie liefen, als wenn das wilde Heer hinter ihnen wäre, und keiner wollte sich mehr an ihn wagen. Also war und blieb das Schneiderlein sein Lebtag ein König.*

Die Hochzeit ward also mit großer Pracht und kleiner Freude gehalten und aus einem Schneider ein König gemacht.« – Hier hätte das Märchen eigentlich enden können. Der Erzähler aber und wohl auch wir spüren, dass die Geschichte noch nicht organisch abgerundet ist. Irgendetwas stimmt noch nicht, da fehlt etwas.

Was uns wohl noch Schwierigkeiten bereitet, ist die ungeklärte Beziehungsproblematik zwischen dem Schneider und der Königstochter. Man fragt sich, was die beiden eigentlich für ein Verhältnis zueinander haben und ob sie sich überhaupt mögen. Wir lesen nichts davon. Die Heirat war von Königsseite ungewollt, und die Tochter ist vermutlich nicht groß gefragt worden, ob sie sich als Preis für die listigen Taten des Schneiderleins zur Verfügung stellen will. Wen wundert es da, dass die junge Königin ihren merkwürdigen Gemahl, der äußerlich so gar nichts von einem Helden an sich hat, bei erstbester Gelegenheit loswerden will? Im Hinblick auf unseren Schneider bedauern wir das, wir würden ihm eine glückliche Beziehung, ein »Happy-End« wünschen. Dass das aber nicht eintritt, das möchten wir vielleicht ganz gern der Königstochter anlasten. Wahrscheinlich ist sie eine »klassische« vatergebundene Tochter, die so vom väterlich-kollektiven Geist, seinen Einstellungen und Werten fasziniert ist, dass sie ihren eigenen Gedanken, Gefühlen und weiblichen Instinkten nicht traut und sich innerlich ihrem Vater-Geliebten vermählt weiß, so dass ein anderer Mann keine wirkliche Chance bei ihr hat. Wäre sie nicht so sehr mit alt-väterlichen, traditionellen Heldenvorstellungen identifiziert, dann könnte sie vielleicht erkennen, dass das Schneiderlein mit seinem hellen Verstand, seiner schnellen Intuition, seinem Witz, seiner Kreativität und nicht zuletzt auch mit seinem Mut und seiner Tapferkeit wertvolle Qualitäten besitzt, die es zwar nicht zu einem angepassten Ehemann, aber doch sehr wohl zu einem anregenden Lebenspartner und geschickt regierenden König tauglich machen.

Mögen diese Überlegungen auch einige Berechtigung haben, so lenken sie doch von dem eigentlichen Problem ab, das in der Unbezogenheit des Schneiderleins selbst wurzelt. Diese Unbezogenheit kommt darin zum Ausdruck, dass es den Erwerb des halben Königreiches und der Königstochter nur als so etwas wie eine günstige Gelegenheit ansieht, die sich nicht jeden Tag bietet. Auch überspielt es die Abneigung der Königstochter ihm gegenüber einfach mit einem letzten Trick, ohne sich mit ihr in irgendeiner Weise darüber auseinanderzusetzen. Man hat den Eindruck, es sei ihm fast gleichgültig, wie seine Frau zu ihm steht. Diese Unbezogenheit hat zwei hauptsächliche Ursachen.

Die erste Ursache liegt in der ihm wesensgemäßen inneren Freiheit und Eigenständigkeit. Wie wir im Verlauf unseres Märchens gesehen haben, bleibt das Schneiderlein weitgehend seiner Eigenart treu, es lässt sich wenig manipulieren, folgt seinen spontanen Intuitionen und Einfällen und steht in gewisser Weise immer über den Ereignissen. Wir sagten am Anfang, dass es sich eigentlich ständig seinen inneren Fensterplatz bewahrt. Ein Mensch, der eine solche Distanz zu den Dingen gefunden hat, dass sie es ihm gestattet, sein Leben selbstgestalterisch, eigenverantwortlich und mit einer gewissen spielerischen Kreativität zu verwirklichen, wird sich nicht mehr freiwillig in abhängig machende Bindungen begeben.

Die Freiheit von unnötigen Bindungen darf aber nicht mit Beziehungslosigkeit verwechselt werden. Vielmehr wird eine offene und echte Beziehung erst möglich, wenn sich die Partner im Bewusstsein ihrer Autonomie und Unabhängigkeit begegnen. Zugegebenermaßen stellt diese letztgenannte Beziehungsform noch weitgehend eine Utopie dar, so dass sie wiederum leicht als Vorwand benutzt werden kann, um einer echten mitmenschlichen Begegnung auszuweichen. Die Betonung von Autonomie ist dann der Ausdruck einer latenten Beziehungsangst. Beziehungsangst aber können wir unserem Schneiderlein nicht nachsagen, denken wir zum Beispiel daran, wie freundschaftlich es den ihm fremden Riesen einlädt, mit ihm in die Welt zu gehen.

Die zweite Ursache für die problematische Beziehung des Schneiderleins zur Königstochter scheint mir daher wesentlicher zu sein. Sie liegt in seiner verheimlichten Identität. Die damit verbundene Unaufrichtigkeit, die ihm möglicherweise gar nicht recht bewusst geworden ist, hat die Beziehung von Anfang an belastet.

Anfangs ging es dem Schneiderlein sicherlich nicht primär darum, seinen Mitmenschen etwas vorzumachen, obgleich wir ja wissen, dass Schneider in Märchen und Folklore zum Angeben und Aufschneiden neigen. Es glaubte naiverweise, dass sein Fliegenstreich tatsächlich eine Heldentat war, wollte sich dafür ausgiebig bewundern lassen und seine Tapferkeit erproben. Wie wir dann gesehen haben, gab diese von uns aus gesehen unscheinbare Tat die Initialzündung für weitere, wirklich beachtenswerte Taten, so dass man sagen kann, dass das Schneiderlein an seiner eigenen Vision gewachsen ist und sie schließlich erfüllt hat. Hinsichtlich Mut, Tapferkeit, Intelligenz und Geschicklichkeit braucht es den Vergleich mit »wirklichen« Helden nicht zu scheuen. Es hat zudem wesentliche Grundprobleme des Menschen auf seine Weise mit viel psychologischem Geschick gelöst: die Gefahren des Macht- und Größenwahns, unkontrollierter Riesenaffekte und fanatischer Überzeugungen und die unheilvolle Spaltung zwischen Geist und Instinktnatur. Vor allem hat es uns gezeigt, dass die »schwachen« Methoden des Annehmens und Akzeptierens den »starken« Methoden des Kampfes und der Unterdrückung überlegen sind. Das alles könnte für das Schneiderlein genug sein, sich mit berechtigtem Stolz hinzustellen und allen zu sagen: »Jawohl, ich bin ein Schneider, ich brauche mich dessen nicht zu schämen. Ich verfüge zwar nur über geringe Körperkräfte, aber über so viel Mut, Witz und Geist, dass ich Probleme lösen konnte, die für euch und andere Helden unlösbar waren.« Statt dessen aber verheimlicht es seine wahre Identität und seine Methoden, deren es sich wirklich nicht zu schämen brauchte. Wieso kann das Schneiderlein, das innerlich so sehr zu seiner Eigenart steht, dies nicht auch nach außen hin tun?

Wir wissen aus eigenem Erleben, dass ungleich mehr Mut dazu gehört, ein peinliches Geheimnis oder eine moralische Schwäche einem anderen Menschen zu bekennen, als es mit sich selbst abzumachen. Indem wir unser Geheimnis beichten, wird es in gewissem Sinne öffentlich. Wir können dadurch der Kritik und unserer Verantwortlichkeit nicht länger ausweichen und sind gezwungen, Konsequenzen zu ziehen. Gleichzeitig aber werden wir durch diese Selbstoffenbarung stark entlastet. Das Mit-Teilen unseres Problems unterbricht den manchmal endlosen, quälerischen Kreislauf von Selbstanklage und Rechtfertigung und ermöglicht es, eine entspanntere, distanziertere und objektivere Haltung ihm gegenüber einzunehmen, weil wir es nach außen gebracht haben. Hierauf beruht die manchmal heilsame Wirkung der Beichte in der Kirche oder des Bekenntnisses in der Psychotherapie.

Die Angst des Schneiderleins vor einem öffentlichen Bekenntnis führe ich auf seine »Berufskrankheit« zurück. Im Kapitel »Schneider machen Leute« hatten wir ja gesehen, dass Schneider, da sie ständig mit der Frage des äußeren schönen Scheins und der dahinterstehenden, manchmal unschönen Wirklichkeit zu tun haben, selbst auch dazu neigen, ihre wirkliche Person hinter einer Persona zu verbergen. So hat sich auch unser Schneider aufgrund seiner teilweise unbewussten Angeberei in eine etwas schwierige Persona-Problematik hineingeritten. Sein Gürtel weist ihn als einen heldenhaften Siebentöter aus, und da er ihm schließlich ein halbes Königreich und die Königstochter verdankt, kann er ihn verständlicherweise nicht einfach ablegen und verkünden, dass er ja gar nicht der Held sei, für den man ihn halte, sondern nur ein Schneider, der sieben Fliegen erschlagen habe. Dieses letzte Bekenntnis wollen wir ihm aber auch nicht zumuten. Bei solchen Jugendsünden und Lächerlichkeiten ist es manchmal besser, man vergisst sie einfach. Aber zu seiner Identität als Schneider sollte er doch stehen, weil ihn die Helden- und Königs-Persona eines Tages erdrücken könnte und weil er durch sein Geständnis die Beziehung zur Königstochter entlasten würde.

Glücklicherweise kommt ihm ein Missgeschick zu Hilfe. Das Schneiderlein spricht im Traum und offenbart seine Herkunft. Missgeschicke, Fehlleistungen und Träume bringen ja häufig den anderen Menschen in uns zum Vorschwein äh Vorschein, den wir hinter unserer Persona zu verbergen versuchen – meistens gerade in solchen Situationen, wo es uns am peinlichsten ist. In dieser Heimtücke scheint die Absicht unserer Seele zu stecken, uns einen möglichst nachhaltigen Denkzettel zu verabreichen, damit wir ihre ganzheitliche Wirklichkeit nicht vor uns selbst verleugnen. Vor einiger Zeit sprach jemand in einem Vortrag auch über Sexualität. Er wollte einen Satz beginnen mit: »Die verdrängte Sexualität …«, sagte aber sehr zu seiner Peinlichkeit: »Die verdreckte Sexualität …« und musste sich darüber klarwerden, dass sein Verhältnis zur Sexualität noch keineswegs so geklärt war, wie er glaubte. – Ein Professor, der mit großer Gebärde auf dem Podium einherschreitend einen Vortrag hielt, musste irritiert feststellen, dass sein Publikum in verdeckt heiterer Stimmung war und so gar nicht den Ernst und die Wichtigkeit seiner Rede würdigte. Er hatte seinen Hosenladen offenstehen und einen Hemdzipfel hervorschauen lassen. Vielleicht wollte ihm seine Seele mitteilen, dass er sich zu sehr exhibitioniere. – Ein namhafter Politiker gab in einer Fernsehdiskussionsrunde über Wahrheit und Lüge versehentlich folgende bezeichnende Definition, als er den Begriff Lüge erklärte: »Wahrheit ist doch, wissentlich und bewusst die Unwahrheit zu sagen.« Die Grenzen zwischen Wahrheit und Lüge sind offenbar auch für ihn fließender, als er sich selbst zugesteht. Ein amerikanischer Präsident offenbarte beträchtliche Schattenseiten, als durch ein Missgeschick bekannt wurde, mit welcher Art von kriegslüsternen Witzen er sich selbst kurz vor seinen Fernsehansprachen anzuwärmen und aufzulockern beliebte.

So befindet sich unser Schneiderlein also in bester Gesellschaft, wenn es durch eine Fehlleistung seine wahre Identität enthüllt. Nun ist's endlich heraus, jeder weiß, woran er ist, und die Verhältnisse können sich zu klären beginnen. Allerdings gibt es vorher noch einmal Schwierigkeiten. Die Königstochter glaubt sich nun berechtigt, ihren ungeschätzten Gemahl loswerden zu dürfen. Es wäre unserem Schneiderlein wohl schlecht ergangen, hätte es sich inzwischen nicht schon einige Sympathien erworben und das vielleicht gerade beim König, wenn wir den Waffenträger als einen vermutlich jüngeren Aspekt des Königs selbst ansehen wollen, der die Qualitäten des Schneiders wahrzunehmen, zu schätzen und zu bewundern weiß.

Was soll der Schneider aber tun, als er von dem Plan hört? Um Gnade bitten oder einen Krieg androhen? Königreich und Königstochter aufgeben und sich aus dem Staube machen? Alles bereden und versuchen, die Missverständnisse zu klären, auf die Gefahr hin, dass es dann zu ungünstigen Kompromissen kommt? Nein, das ist nicht seine Sache, zumal er als tüchtiger Märchenheld seinen Thronplatz durchaus verdient hat. Er macht es auf seine eigene, selbstsichere, elegante und humorvolle Art. Er bekennt sich zwar zu seiner Schneider-Identität – das ist das Beste, was man mit Fehlleistungen machen kann: sich zu ihnen bekennen –, aber bedient sich auch seiner furchteinflößenden Helden-Persona und spielt dazu den allwissenden Hellseher. Auf diese Weise erzielt er mit dem geringsten Aufwand den größten Effekt. Er ist schon ein wahrer Meister seines Fachs.

Vielleicht einmal in späteren Jahren, wenn seine Gemahlin und sein Volk ihn schätzen und lieben gelernt haben, wenn er gezeigt hat, wie geschickt er mittels Klugheit und Humor zu regieren weiß, dann wird er auch die letzten Reste der Helden-Persona ablegen können und es wagen, einfach der zu sein, der er dann sein wird: ein Schneider, der aus dem Schneider ist.

Anmerkungen

1 Zum Thema Lebenskunst vgl.: Müller, L., Lebe Dein Bestes. Individuation und Lebenskunst, Düsseldorf 2001
2 Laotse, Tao Te King, bearbeitet von Gia-Fu Feng und Jane English, Haldenwang 1981
3 Über die Bedeutung der Symbolgestalt des Hermes-Mercurius vgl.: Müller, L., Magie. Tiefenpsychologischer Zugang zu den Geheimwissenschaften, Stuttgart 1989
4 Zur Lebenskunst unter dem Aspekt der Ekstase vgl.: Müller, L., Trotzdem ist die Welt ein Rosengarten. Wie wir begreifen können, dass unser Leben auf dieser Erde ein großes Wunder und unser Bewusstsein, das wir haben, die umwälzendste Erfahrung im ganzen Universum ist, Stuttgart Kreuz 1996
5 Röhrich, L., Lexikon der sprichwörtlichen Redensarten, Freiburg 1977
6 Ende, M., Momo, Stuttgart 1979
7 Vgl. Müller, L.; Des Kaisers neue Kleider. Warum man nicht immer eine gute Figur machen muss, Stuttgart 1995
8 Smith, M., Sage nein ohne Skrupel, Reinbeck 1979
9 Röhrich, L., vgl. Anm. 5
10 Zum praktischen Umgang mit Symbolen vgl.: Müller, L., Knoll, D., Ins Innere der Dinge schauen. Mit Symbolen schöpferisch leben, Düsseldorf 1998
11 Jung, C. G., Die Beziehungen zwischen dem Ich und dem Unbewussten. Ges. Werke Bd. 7, Olten 1971
12 Über die positiven Aspekte des Heroischen vgl.: Heros – Im Anfang war die Tat. In: Lebe Dein Bestes. Individuation und Lebenskunst, Düsseldorf 2001, und auch: Müller, L., Der Held. Jeder ist dazu geboren, Stuttgart 1987
13 Laotse, Tao Te King
14 Watzlawik, P. und andere, Lösungen. Zur Theorie und Praxis menschlichen Wandels, Bern, Stuttgart, Wien 1979
15 Lukas, E., Auch dein Leben hat Sinn, Freiburg 1980
16 Vgl. Müller, L.: Suche nach dem Zauberwort. Identität und schöpferisches Leben. Am Beispiel der Unendlichen Geschichte von Michael Ende, Stuttgart 1987
17 Riemann, F., Grundformen der Angst, München 1975
18 Jung, C. G., Psychologie und Alchemie, Ges. Werke Bd. 12, Olten 1972
19 Handbuch des deutschen Aberglaubens. Hrsg. Bächtold-Stäubli, H., Stichwort Einhorn, Berlin 1927–1942

Die Deutsche Bibliothek – CIP-Einheitsaufnahme
Ein Titeldatensatz für diese Publikation ist bei
Der Deutschen Bibliothek erhältlich

Durchgesehene und neu gestaltete Ausgabe des erstmals 1985 im
Kreuz Verlag Zürich erschienenen Titels

1 2 3 4 5 05 04 03 02 01

Ein Unternehmen der Verlagsgruppe Dornier
Postfach 80 06 69, 70506 Stuttgart, Tel. 0711-78 80 30
Sie erreichen uns rund um die Uhr unter www.kreuzverlag.de
Umschlaggestaltung: Jürgen Reichert
Umschlagfoto: Gerd Weissing, Nürnberg
Satz: de·te·pe, Aalen
Druck und Bindung: Clausen & Bosse, Leck
Die Schreibweise entspricht den Regeln
der neuen Rechtschreibung.
ISBN 3 7831 2006 3